WAC BUNKO

日本人が気付かない世界一素晴らしい国日本

・M・ドーク

WAC

まえがき

私はいま、アメリカのジョージタウン大学で日本の近代思想を中心に、広く近代日本史の教鞭《きょうべん》をとっています。私と日本とのかかわりは、いまから四十年ほど前の一九七七(昭和五十二)年、私が十七歳の高校二年生のとき、交換留学生として長野県の県立上田東高校にやってきたことに始まります。そのときの体験は、その後の私の人生に大きな影響を与えたのですが、それは本文の第1章で詳述しました。

ともかく、そのときの体験が私をして「日本を勉強するために、日本にいま一度戻る機会を探すために、大学に進もう」と決意させたのです。それで、地元イリノイ州のクインシー・カレッジという大学に入り、シカゴ大学の大学院に進んで日本研究に取り組んだのです。また、その間、フルブライト奨学金を得て、立教大学と東京大学に留学し、一層、日本研究に邁進《まいしん》し、日本とのかかわりが深くなっていったのです。

そんな私の経歴と日本研究に関する翻訳書や小論を読まれたワック出版の立林昭彦氏と松本道明氏から、〝日本体験観察記〟なるものを本にしてみないか、とのお誘いを受け、本書刊行の運びとなったのです。

私が日本研究に本格的に取り組んだ頃から、旧ソ連の崩壊、中国の台頭など世界の政治的経済的環境は激しく動いてきました。そうしたなかで、これから日本の果たすべき役割はますます大きなものになってくると私は考えております。もしかしたら、日本の皆様はそんなふうに考えておられないかもしれませんが、決してそうではないと思います。世界のなかで日本の存在はじつに大きなものになってくるはずです。

本書で私は、日本人自身が気付いていない日本の〝素顔〟や〝実力〟といったものの一端に触れたつもりです。本書が、日本の皆様に少しでもお役にたつことがあるならば、著者としてこれに勝る喜びはありません。

二〇一六年一月吉日

ケビン・M・ドーク

日本人が気付かない
世界一素晴らしい国・日本

◉目次

第2章 日本のナショナリズム

第3章 「天皇」「靖國神社」「奇跡の経済成長」

第4章　アメリカを蝕む病

第5章　日本の長所と弱点

エピローグ　家族が見た日本

編集協力／菅原昭悦
装幀／神長文夫＋柏田幸子

第1章 十七歳の日本体験記

特急「あさま」に乗って冒険の旅が始まった

初めて日本の土を踏んだのは一九七七（昭和五十二）年のことです。お盆の直後の暑い夜でした。当時、私は十七歳で高校二年生。ロータリークラブ（注1）の交換留学生として、アメリカ合衆国イリノイ州の片田舎から飛行機を乗り継いで日本まで来ました。

飛行機が着いたのは羽田空港です。したがって、私が初めて目にした日本の風景は昔の羽田空港で、天井が低くて、大勢の人たちがいて、ワーワーという騒音のような声に満ちていた。私は日本語がわからないから騒音にしか聞こえないのですが、ものすごい活気を感じました。田舎の小さい町で暮らしていた私にとって、たくさんの人が集まり、歩いたり話したりしている光景は刺激的と言うより他にありません。先般、何年ぶりかで羽田空港に行きましたら、近代的できれいな空港に変わっていて、私が初めて日本に来たときとはまったく別の空間でした。

私を引き受けてくれる長野県の上田ロータリークラブの会員が空港まで迎えに来る、と聞かされていました。その人たちの顔を知らなかったのですが、二人のおじいさんが「*Mr.Kevin Doak*」という英語のプレートを掲げていたので、すぐにわかりました。一人は最初のホストファミリーのグランパ（祖父）の鈴木俊さん、もう一人は堀井謙三さんという交換留学の世話役の人で、いまは二人とも鬼籍《きせき》に入っています。

羽田空港に着いた日は雨でしたが、タクシーに乗って夜の東京観光に行きました。といっても、「あそこは皇居」「あそこは東京タワー」とそのくらいの簡単なものです。それでも来日前のイメージに違わず、東京は大都会だと思いました。

品川のプリンスホテルで一泊した翌日は、もう少し東京を観光してから上野駅に移動し、「あさま」という特急に乗りました。そこから私の冒険が始まります。

「冒険」と称する第一の理由は、山に向かうことです。それまで私は山を見たことがありませんでした。生まれ育ったのはアメリカの真ん中に位置する大平原の町。ミシシッピ川という大きな川は毎日、見ていたけれども、どちらを向いても山は見当たらない。交換留学先の長野は山に囲まれた土地です。特急「あさま」の車窓から風景を眺めていると、地平がワーッと迫ってくるような印象を受け、正直にいって違和感がありました。真っ平らな土地しか知らない私にとって、地平は平らであるはずなのです。それがどんどん上がっていく。そのうちに「電車が山を登っていくとどうなるか」と心配になりました。写真や絵で知っている山というものは三角の形で、頂上が尖《とが》っている。そこまで行ったら電車はどうなるのか……。

最初の山を越えたところで「ああ、これは大丈夫だ」と安心しました。同時に、「これは日本の文化との接触、見知らぬ日本人との交際に当てはまるだろう」とも感じました。「山を越えても死ぬことはなかったのだから、これからも大丈夫だ」と思うと、気持ちが落ち着きました。

特急「あさま」を上田駅で下車し、その夜から鈴木さんの家で暮らすことになったのですが、まさに「第一歩」で失敗しました。玄関で靴を脱がずにあがったのです。もちろん、日本では家に入るときに靴を脱ぐことは知っていました。日本文化の特徴は、頭のなかで繰り返し確認してもいた。しかし、時差や長旅で疲れていたせいか、うっかりしてしまったのです。靴を履いたままで室内に入った私に、ホストファミリーの人たちは「えー」といって驚きました。「何という無礼な外人」と思ったことは想像に難くありません。

それでも、ホストファミリーがロータリークラブの会員だったことは幸いでした。ロータリークラブに入れる人はアッパーミドル以上で、土地の名士、素封家《そほうか》が主です。鈴木俊さんは、段ボール箱をつくる会社の社長でした。鈴木家の人たちは「外人だからこんな失敗もする」と寛容に受け止めてくれたような気がします。

私を泊まらせてくれたのは、迎えに来た鈴木俊さんの息子の和長さんです。いまは株式会社テクニカルイン長野の社長で、私が上田に行ったら会いますし、いま私が住んでいる京都(二〇一五年度、国際日本文化研究センターに研究員として在籍)に訪ねてきてもくれました。彼と懐かしい話を交わすことは私の楽しみの一つです。

(注1)**ロータリークラブ**　国際的な奉仕クラブ団体の「国際ロータリー」に所属するクラブ。最初のロータリークラブは一九〇五年にアメリカのシカゴで発足し、現在は二百を越える国と地域に三万以上のクラブがある。

訪日前に日本語を勉強したのはわずか一時間

前年の交換留学でアメリカの女性が上田に来たとき、市内でトップの上田高校に入学しました。ところが、上田高校の生徒は真面目過ぎて、外国人留学生との交流にあまり積極的でなかった。大学入試の準備を優先するからです。結局、その子は予定より早くアメリカに帰国したそうです。「今回はそういうことがないように」という配慮から、私は上から三番目の上田東高校に入れられました。上田東高校はあまりレベルが高くないといわれるようですが、私にとってよかったのは、みんなが私を引き受けてくれ、いろいろな若者と交際できたことです。親友も二人できました。

ただし、最初は日本語が不自由だから、授業に出ても何一つわからなかった。留学前に日本語を勉強したのはわずか一時間で、それも日本に行くことが決まってからのことです。私の通う高校に一人だけ日本人の留学生がいて、彼女が住んでいた大きな家に招待され、一時間、ひらがなのレッスンを受けました。そして、ひらがなとカタカナのチャートをもらった。その程度だから、高校の授業が理解できるわけがありません。

「この外国人留学生をどうするか」と校長先生が考え、半日以上、私は図書館で個人レッスンを受けることになりました。図書館の人と英語の先生が集中的に日本語のレッスンをしてくれたのです。これは助かりました。しかし何週間か経つと、窓の外を通って個人レッスンを見かけた生徒が、「どうして高校生が先生のように研究室があるんだ」と不満を持ったようです。その不満を聞いて校長先生が中止し、またみんなと一緒に教室で授業を受けるようになり、退屈する日々が続きます。

ただ、割合に早く日本語を習得できるようになったと思います。それは、英語の先生と図書館の人のプライベートレッスンを受けたことと、ホストファミリーから毎晩、言葉を一つずつ教わったことが大きかった。鈴木のおじいさんはかなり英語ができました。彼が毎日、ノートブックを持って来て、簡単な日本語の単語（たとえば「すばらしい」というような言葉です）を書きなさい、と指導してくれました。

また、ホームステイと学校での生活を通して、日本語や日本の文化、日本のやり方を体験しながら身につけました。同級生たちと一緒にいろいろなことをしたのは、日本への留学体験として実りある成果の一つです。一番よかったのはクラブ活動でした。

いまのように部活に入る義務があったかどうかはわかりませんが、校長先生から「部活の一つを選びなさい」と言われました。私はテニスが好きだったので第一候補はテニスでしたが、上田東高校には軟式テニス部しかなく、見学したら硬式テニスとはまったくの別物だったのでやめました。次の候補はサッカーです。上田東高校は卒業生にサッカーの日本代表が一人いて、サッカー部はものすごく強かった。しかし、当時のアメリカでサッカーを知っている人は皆無に近く、ヨーロッパ的な上田東高校のサッカー部は私のレベルではついていけない。どうしようと考えた末に、「少なくとも日本的なことをやればいい」と思いつきました。そこでまず剣道部を見に行ったのですが、「これは無理だ」と感じました。痛いことは駄目だと思ったのです。いま思うと、かなり女々《めめ》しい青年だったと呆れてしまいます。

残ったのは柔道でした。柔道も怖かったけれど、アメリカで二、三年ぐらい、テコンドーという韓国風の空手をやっていたので、テコンドーに近いものだと誤解して柔道部に入りました。そして、柔道をやってみてまったく違うことを知りました。

でも、柔道を選んだのは正解でした。

「剣道か柔道をやらなければならない」という脅迫観念

柔道はけっこう一所懸命やったと思います。毎日、練習に出て、親友になった田中けんじ君といつも乱取《らんど》りをしました。田中君は体が大きくて動きも早く、頭もいい。数年前に会ったきりで、京都に来てから会っていないのは残念に思っています。もう一人、柔道部で武田君という友達ができました。彼は一、二年前にワシントンD.C.に来て、食事を一緒にしました。

柔道で難しかったのは、組む体勢が低くなると私の腰がうまく曲がらなかったことです。先生から「もうちょっと低く」と指導されても、できない。「お前の体は変だな」と言われました。それから、足の親指を骨折しました。いまは変わったと思うけれど、当時の上田東高校柔道部の道場は壁がほとんどなく、オープンエアな感じだったので、冬はものすごく寒かった。みんな、手や足が冷えて青くなっていました。冷えると感覚がなくなります。感覚のないままますり足で歩いているとき、畳のなかに親指を突っ込んで骨折してしまいました。あれは痛かった。

一年足らずではあったけれども、あとで振り返ってわかったのは柔道の精神が身についたことです。日本人でもアメリカ人でも、相手が柔道をやっていたと知らないのに、つきあっていて好感を抱くということがしばしばあります。無意識のうちに柔道の精神が共鳴するのではないかと思っています。

また、アメリカに帰るまでの一年弱で初段をとることもできました。これは上達が早いというよりも、体が大きく、背が高くて、体重が重いという肉体的な特徴が効いたからです。柔道の初段の試験では、五試合をして三つ勝たないといけない。その試合で一番目は負け、二番目と三番目は寝技で勝った。さらに次の試合は得意の大技で勝った。審判が「一本」というと、周りで見ていた柔道部の人たちがワーッと拍手してくれました。帰国前の最後のチャンスということで、みんなが心配していたことを知りました。

アメリカの高校では最初、アメリカンフットボール部に入りましたが、一年もしないうちにやめてテニスに切り替えました。そんなひ弱な青年の私が柔道を選んだのは、積極的に選択したというより強制されたような気がします。といっても誰かに強制されたのではなく、「交換留学生として剣道か柔道をやらなければならない」という強迫観念のようなものがあったからだと思います。

柔道を経験すれば「力」というものが理解できる

柔道の精神は、私の学問とも関係しました。柔道をやれば恐怖心がなくなり、何があっても気にしない。『日本のナショナリズム』という本を書いたときに、「日本人が柔道の精神を持ち、怖がらずに出せばいい」と思いました。

怖がり過ぎる心理を持つ人は、ナショナリズムに拒否反応を起こしがちです。たしかに合理的に考えれば、ナショナリズムや軍隊というものは怖い。それは「死ぬことが怖い」というところに通じます。そういう感覚は、知識人的な人に強い。しかし、武力的な競争をした経験がある人は別段、恐怖を感じない。「これはこういうものだ」と客観的に見ることができるからです。たとえば、柔道で投げられて骨折した。そういう経験があると「ケガをしてもおしまいではない」とわかり、「柔道は危険だから禁止する」と考えません。もっと自然体で向かい合えます。

一方、武力的な競争をしなかった人は武力が恐怖です。そういう人は柔道をやってほしい。経験すれば、「武力」とか「力」というものが人間として理解できる。それだけのことではありますが、柔道を習う機会を得られたことは「本当にありがたい」と私は思っています。

また、「柔道をすると怖くなくなる」ということでは倫理的な面もあります。もし、電車で隣に座っている女性が強そうな男にハラスメントされたとき、普通の人はかかわりたくないでしょう。でも、柔道家は違います。「やめなさい」と止めに入る。強そうな男が暴力をふるってくるかどうかは気にしない。それは、「柔道の心得があり、痛い目に遭わない」と思うからではありません。相手のほうが強ければやられてしまいます。自分が勝つと決まっていないのです。ではなぜ、柔道家は暴力に襲われる危険を気にしないのか。相手がやっていることは正しくないからです。そういう精神を私は柔道から身につけました。

スポーツということでは、山のない土地に生まれた私は、日本に来て初めてスキーを習いました。菅平《すがだいら》や軽井沢には同級生たちと一緒に行きました。上田でのスキー体験は、最初は辛かったけれども、二回以降はすごく楽しかった。私の子どもたちには日本でスキーを教えました。

膝をケガして、いまはスキーがあまりできなくなったのは残念なことです。長いスキー板をはいて歩くクロスカントリースキーを、父がよくやっていました。イリノイは山がないけれど雪はたくさん降るので、クロスカントリースキーができます。私もクロスカントリースキーをやる歳になったのかとも思います。

親切な人たちは戦争経験者だった

上田東高校で部活を毎日したことで、日本語もけっこう覚えることができました。

とはいえ、十分なコミュニケーションがとれたわけではありません。ただ、柔道をやっていて日本語がわからないときに、体でコミュニケーションができました。また、その人がいい人かよくない人かは、だいたい柔道のやり方から何となくわかっていった。武田君と田中君が友達になったのは、やるときに「この人が好き」とわかった。その何カ月もあとで、少し話ができるようになりました。言葉を十分に使えなくても、やり方で人との関係ができた。その意味でも、柔道はすばらしい経験を与えてくれたと思います。

問題は学校の授業でした。数学や社会などは日本語だし、英語の先生にも英語があまり通じなかった。私の先生ではなかったけれど、とても親切でスキーにも連れていってくれた英語の先生は、ゆっくりと話すと通じました。でも、私の担任だった英語の先生は、全然駄目だった。彼は戦争の世代でした。たぶん、学生時代は英語よりドイツ語だったのでしょう。そう私が考えるのは、彼の英語がドイツ語に近かったからです。英語はドイツ語の発音だとあまり通じません。

最初、英語の授業では教壇に呼ばれ、教科書を読まされたりしました。ところがあるとき、先生の間違ったところを指摘したら、先生から「ドーク君。どうぞ席に戻ってください」といわれました。先生に恥をかかせてしまったわけですが、教室で辛かったのは、そういう社会的なルールが全然わからなかったことです。

それから、英語のクラスとドイツ語のクラスの両方に入れられたことも辛かった。ドイツ語は、私の担任の先生が担当していました。私が西洋人だからドイツ語がわかっている、と考えたのかもしれません。ところが、私はドイツ語を勉強したことがない。教科書を見ると、わからないドイツ語と読めない日本語が載っているからどうしようもありません。それでも試験を受けました。これは上田東高校だからかもしれないけれど、試験でみんなに助けられました。試験の解答用紙を集めるときに、「ドーク、こう書け」と正解を見せてくれたのです。カンニングを手伝ってくれるようなサポーターがいたことは嬉しい思い出です。同級生はみんな仲がよかったし、親切な人ばかりでした。

親切な人ということでは、ホストファミリーだけでなく、ロータリークラブの人たちからもずいぶんと厚意を受けました。

羽田空港まで迎えに来た堀井謙三さんはホストファミリーでなかったけれども、長野県連合青果株式会社の代表取締役社長だった彼の出張に同行して山口や和歌山にも行ったし、新幹線に乗って大阪にも行きました。そういう「しなくてもいいこと」をしてくれ、とても親切でした。

上田にいたときは意識しなかったけれども、あとで振り返ってみると、あの地域は戦争経験のある人が周りにたくさんいました。迎えに来てくれた鈴木俊さんも堀井謙三さんもそうです。一番、私に親切にしてくれたのは戦争のベテランだった人だったように思います。戦場に行って、私のような十八歳くらいのアメリカ人を殺したかもしれません。それを考えて親切にしてくれたのではないか、とも想像しています。

また、鈴木俊さんの弟（名前は芳永さんだったと思う）と一、二回ぐらい、会ったことがあり、いつも親切に接してくれました。彼はアメリカのＰＯＷ（戦争捕虜）になったけれど、無事に日本へ帰ってきたそうです。その経験があるから、アメリカに対して不満を持つというより、アメリカ人に感謝のような気持ちがあったのでしょう。

学生服を着て修学旅行に参加した思い出

私は学生服を着て、修学旅行に行きました。行き先は京都と奈良です。記念写真も残っています。

学生服はホストファミリーが買ってくれました。体が大きい私のために特別注文したのかもしれませんが、上田東高校の柔道部にはもっと大きい体の人がいました。田中君です。私より背が低いけれど、体は大きかった。だから、既製服を買った可能性もあります。もっとも、学生服は修学旅行と卒業式などの特別なときだけ着ました。学校に通うときは普通の洋服です。

修学旅行で印象に残っているのは、奈良の東大寺にいったときのことです。たぶんアメリカ人と思われるおばあさんが、同級生と同じ学生服を着た私を見て「えっ!」と驚いた。彼女は隣にいる夫に、「ヘンリー、あのおかしな子どもを見てください」と英語で言いました。

実は、学生服を着た自分を鏡で見ていませんでした。だから、私は本当にみんなと同じだと思っていた。彼女が私を「おかしな子ども」と言わなければ、自分が例外であることを意識しなかったはずです。彼女のおかげで、「ああ、そうか。私はアメリカ人か」と改めて自覚しました。

旅というほどではないのですが、ホストファミリーの鈴木さんのお兄さん、つとむさんという人が、上田の近くにある鹿教湯《かけゆ》温泉に連れて行ってくれたことがあります。このときが初めての温泉でした。そこは田舎の温泉で、入口は男女で違ったと思うのだけれど、お風呂は分かれていなくて、湯船の一方が男性、一方が女性です。鈴木つとむさんと私が入っていったら、おばあさんが湯船のなかにいた。そのときはすごく驚きました。「これは危機（*crisis*）だ」と思ったほどです。

そして私がお湯に浸かっていると、おばあさんが好奇心で近づいてきました。これには死ぬほどびっくりした。案内してくれた鈴木つとむさんが私との間を遮《さえぎ》り、守ってくれて助かりました。でも、そのときから温泉は大好きです。いまでも京都のそばの温泉によく行きます。

初めて魚がおいしいと知った日

食事は当然、和食中心で、箸の使い方は上田で習いました。でも、料理自体には問題ありませんでした。問題があるどころか、ホストファミリーの鈴木和長さんの奥さん、菊江さんは料理が上手で、つくる料理はどれもこれもすごくおいしかった。おじいさんの俊さんは、いつも息子さんの家で食べていたくらいです。鈴木さんの奥さんを当時、「ママさん」と呼んでいましたが、いまもご健在で、手紙のやりとりをしています。

私は好き嫌いがないので、何でも食べました。なぜ好き嫌いがないかというと、家庭環境が大きいと思います。私の父に言わせると、「好き嫌いというのは贅沢《ぜいたく》な考え方だ」。しかも十一人兄弟という大家族のなかで育ったから、とにかく食卓に出されたものを食べないと食べるものがなくなります。また、お腹いっぱいに食べるという経験もあまりなかった。だから、お腹がいっぱいになれば私は満足でした。

鈴木の「ママさん」は中華料理もつくってくれたし、揚げものもつくってくれた。どれもおいしく食べました。ただ一つ、大平原の町で育った私は日本人ほど魚を食べてこなかったので、魚が出たときは少し抵抗がありました。ふるさとで食べる魚はミシシッピ川でとれるもので、これがまずい。空腹でもまずいと感じるのです。だから、好き嫌いはないけれども「魚はまずい」と思っていました。ところが、鈴木さんの家で出された千曲川《ちくまがわ》の鮎を食べて、「魚はおいしい」ということを初めて知りました。

お米もおいしかったし、漬物もおいしかった。野沢菜の漬物も食べました。それから、長野の果物《くだもの》はものすごくおいしい。アメリカで食べていたりんごは小さくて、それほどおいしいと思わなかった。でも、「ふじ」という大きなりんごを上田で初めて食べ、おいしいことに驚きました。いまはアメリカのスーパーでも「ふじ」を売っていますが、当時はなかったのです。また、巨峰《きょほう》という大きいぶどうも初めて食べ、すごくおいしかった。長野はおいしい果物や食べものがたくさんありました。いや、「おいしいものばかりだ」と言っても過言ではありません。

ホストファミリーは三回変わった

ホストファミリーは三カ月ごとに変わりました。一カ所だけだと、合わないホストファミリーにあたったら大変ですし、それより長くなるとホストファミリーの負担が大きい。また、家庭が変わると違う経験もできます。だからアメリカでも、ロータリークラブの交換留学生はだいたい三カ月ごとに変わります。

鈴木さんの家には、四歳ぐらいの坊やと生まれたばかりの女の子がいました。鈴木さんは若くて、私と世代が近かった。それに「ママさん」が料理上手だったから本当は鈴木さんの家にいたかったのだけれども、決まりどおりに四つの家のお世話になりました。

二番目のホストファミリーは、鈴木俊さんの友達の小山喜太郎さんです。小山さんの婿養子、啓さんは私の父と同じ年齢でした。鈴木家の若くて楽しい雰囲気と違い、自分の家に帰ったような気がしました。小山啓さんには小学生の娘が二人いて、宿題もあるし、ピアノのレッスンもあったので、「私は邪魔になるのでは」と心配したのですが、そうでもなかった。とても親切にしてもらいました。株式会社丸二の代表取締役社長だった小山喜太郎さんは、自分の洋式のベッドルームを私にあてがってくれました。冬になっても、贅沢なベッドの上は全然、寒くなかった。

春が来ると、三番目のホストファミリーのところに移りました。豊かな田んぼがある、塩田の西光寺《さいこうじ》という真言宗のお寺です。上田から小さな電車に乗って終点近くまでいってバスに乗り換え、停留所から歩いて二十分ぐらいのところにありました。

畳の部屋が用意してあり、田舎の日本的な生活ができたのはよかったのですが、山の麓《ふもと》だから四月、五月頃でもすごく寒かった。小山さんの家の冬と比較しても、西光寺のほうが寒かったと思います。

住職の西川秀英さんの息子さん、秀伸さんが京都の智積院《ちしゃくいん》（注1）に行って修行をしていました。西川さんのお嬢さんのときこさんがお兄さんのいる智積院に私を連れて行き、一週間ぐらい、智積院に泊まったことがあります。非常に質素な生活で、おもしろかった。それが修学旅行以外で、初めての京都訪問だったはずです。東山などあちらこちらを観光しました。

西光寺の本堂で生活したかったけれども、西川さんの思いやりで家族の暮らす庫裏《くり》に部屋を与えられました。本堂で行なわれた葬式に一回、出席しましたが、正座した足がしびれて困りました。柔道をやったから慣れたと思っていたのですが、葬式は時間が長くてもちませんでした。

四番目のホストファミリーは、また上田の中心に戻って飯島祐介さんという上田プラスチック株式会社の代表取締役社長の家です。先日、上田に行ったとき、その家が歴史的な保存対象になっていました。半分が西洋建築、半分が日本建築という造りで、明治時代か大正時代に建てられた立派な家です。

東京に行ったのは二、三回ぐらいで、ロータリークラブの大会に出たときです。ホテルの部屋は狭く、レストランも狭かった。「ここは上田よりよくない」と思ったほどでした。当時の私は東京と比較して、上田の生活を貧しいと感じませんでした。考えてみれば、当たり前の話です。ロータリークラブのメンバーの家に泊まり、社長さんに囲まれていたのですから。これは余談ですが、周りが社長ばかりだったから、私はすぐに「社長」という言葉を覚えました。

ロータリークラブが私を上田に行かせたのは正解だったと思います。私の生まれ育ったロックアイランド（日本語で「岩島」というと、けっこう通じます）は小さな工場町です。上田も工場町の雰囲気があって、馴染《なじ》みやすかった。これが名古屋とか東京に行かされたらどうだったか。私と同じロータリークラブの交換留学生のなかには、大都会に行って早めに帰った人が少なくないと聞きます。ストレスがあまりに多過ぎたのでしょう。

交換留学は、文化も違うし言語も違うので、毎日、一から十まで違う。私は上田だったから何とかできたけれど、そのうえに都会のストレスがあったとしたらたぶん、駄目だったと思います。

もっとも、上田にきて早めに帰った人もいました。そのあたりは個性もあるから、一概には言えないところではあります。

（注１）智積院　京都市東山区にある寺院で、真言宗智山派《しんごんしゅうちさんは》総本山。山号《さんごう》は五百佛山《いおぶさん》、寺《じ》

号《ごう》は根来寺《ねごろじ》である。豊臣秀吉《とよとみひでよし》の紀州征伐で失われた根来山の智積院を、のちに天下人《てんかびと》となった徳川家康が支援して復興させた。

「日本に戻る機会を探すために大学に進もう」

私にとって上田での生活は天国のようなもので、文句はありませんでした。文句どころか、私はアメリカに帰りたくなかった。上田にある「英研」という英語塾に山本さんという友達ができ、私の希望を聞いた彼が私を連れて東京に行って、上智大学に入学を申し込んでくれました。上智大学からは問題ないと言われたけれど、アメリカの両親の許可が必要で、それがネックになりました。父が「アメリカに帰りなさい」と言ったのです。

上智はカトリックの大学で彼もカトリックだから、上智大学が駄目というわけではなかった。十一人も子供がいる父にとって、上智大学の学費が高過ぎると考えたようです。たしかに家は金持ちでなかったから、それは無理だと私は思いました。

父は大学の学費を自分で稼いだのですが、私が大学生になる頃は学費が高くなって、親が面倒を見ないと難しくなっていました。

一番上の兄は大学に行かず、二番目の兄は学費のいらないウエストポイント（陸軍士官学校）に行きました。ミリタリーの学校は国が学費を払ってくれます。私が三番目で、初めて学費が必要な子供だった。おそらく、弟たちのことを父は考えたのでしょう。母は家事専業で給料をもらっていなかったから、収入は父の給料だけでした。彼はアメリカ軍の*Army Corps of Engineers*（アメリカ陸軍工兵隊）の土木技師で、あまり給料は高くなかったのです。

希望が叶《かな》わなかった私はとてもがっかりして、開港したばかりの成田空港から飛行機に乗りました。

アメリカに帰ると、「日本に戻る機会を探すために大学に進もう」と決めました。そして、通っていた四年制の高校を三年で卒業して大学に入学しました。私の高校は私立のカトリック学校で、公立より少しだけ自由があったのです。

最初は高校の校長先生から「もう一年間、勉強しなければならない」と言われました。しかし、父と母がカトリックで兄弟も入学しているから、多少は影響力があったのでしょう。「あなたが大学に入学できたことはわかった。日本の高校の成績があるか」と校長先生に訊かれて、上田東高校の成績書を見せました。でも、それは「出席した」と書いてあるだけのものです。校長先生は日本語がわからないので、全部「可」と私が翻訳しました。そんな嘘をついて卒業を許可してもらい、イリノイ州のクインシー・カレッジという小さい田舎の大学に入って、学問の対象に日本研究を選択します。大学を終えると、シカゴ大学の大学院に進んで日本研究を続けました。

日本研究といってもジャンルはいろいろとあります。私の専攻は近代日本史で、そのなかでもナショナリズムがメインになりましたが、そもそも日本研究を選び、一所懸命に頑張った動機は「日本に戻る機会」を掴むためでした。

その努力が報われたのは、十八歳で日本を離れてから七年後の一九八五（昭和六十）年です。フルブライト奨学金を得て、日本留学が実現したのです。私が二十五歳のときでした。

第2章

日本のナショナリズム

近代日本には二種類のナショナリズムがあった

一九八五（昭和五十）年にフルブライトの奨学金をもらって日本の立教大学に留学したとき、私の研究テーマは「日本のナショナリズム」でした。なぜ、「日本のナショナリズム」を研究しようと思ったのか。それはほとんど偶然と言っていいでしょう。

シカゴ大学の大学院で私は日本近代史を専攻したのですが、所属するゼミで「近代の超克《ちょうこく》」（注1）を取り上げることになりました。「近代の超克」とは、一九四二（昭和十七）年に『文學界』という雑誌が開いた座談会の中心的なテーマで、日本の近代化について、当時の日本で有数の知識人が議論しました。この「近代の超克」を学ぶ過程で「日本のナショナリズム」というテーマに出会い、私の主な研究対象になったのです。ゼミで「近代の超克」をやらなかったら、違ったテーマを選んだでしょう。

具体的な経緯を述べておきますと、「近代の超克」に関する文献を読んでいるうちに、座談会の主要な出席者の母体である京都学派（注2）と日本浪曼派《にほんろうまんは》（注3）のどちらを対象とするか、決めることになりました。私は抽象的な哲学に弱いので、文学の日本浪曼派を選びました。最初に読んだのは、「近代の超克」に参加した文芸評論家・亀井《かめい》勝一郎《かついちろう》（注4）の著作ですが、当然ながら日本浪漫派に深くかかわった文芸評論家の保田與重郎《やすだよじゅうろう》（注5）を知ります。そして立教大学に留学したときに、対象を保田まで広げました。

保田與重郎が一九三五（昭和十）年に発行した雑誌『日本浪曼派』は、当時の文学運動に大きな影響力を及ぼしました。その主眼は、十八世紀末にドイツで起こったロマン派（注6）の主張を受けて、知性よりも心を重視し、そういう文学や芸術を通して民族的なアイデンティティを追求するものでした。

では、保田與重郎たちは何を日本のアイデンティティの対象としたのか。それは朝鮮や中国、さらには西洋の文化が入る前、つまり六世紀以前の民族文化です。保田の著作から、日本のナショナリズムにおいて「民族主義」が重要なポイントだと私は考えました。ただ、その場合の「民族」が単純に「*race*（人種）」と言えず、「*nation*（国民）」の要素もあるように見えました。

「国民」とは「一つの政治単位で構成される集団」であり、「民族」とは「一つの民族・種族で構成された集団」です。厄介なのは日本で、「ナショナリズム」というと「国民主義」と「民族主義」の二つがあることです。しかも、ラテン語の「*natio*（生まれたこと）」を語源とする「*nation*」は「国民」と「民族」の両方を含むので、「国民主義」と「民族主義」のどちらも「ナショナリズム」以外に訳することはできません。

　しかし、この二つの言葉を同一に扱えば混乱が生じます。民族主義は英語で*ethnic*という形容が必要であり、国民主義は政治思想のなかでいうところの「*civic*（市民的）」の形容がないと意味が通らなくなるからです。

　なお、日本語として使われる「ナショナリズム」にはもう一つあります。それは「国家主義」です。しかし、「国家主義」はフランス語で「*etatism*《エタティスム》」、英語では「*statism*《ステイティズム》」であり、「国家」に相当するのは、英語なら「*nation*」ではなく「*state*」です。これは日本の政治思想家も、訳するときによく間違えます。

　また、ナショナリズムは「*people*（「人民」「民族」「国民」等々、どう訳してもかまいません）」を主として、「*people*」の要求や主権が大事だとします。しかし、国家主義にとってそれは全く関係ない。したがって、国家主義は厳密な意味でナショナリズムではありません。日本研究者が国家主義をナショナリズムの範疇《はんちゆう》に入れる場合、それが誤っていると指摘することは、私の研究で主なテーマとなりました。つまり日本では二つのナショナリズムがあって、民族主義と国民主義だけです。

（**注1**）**近代の超克**　文芸誌『文學界』が一九四二年の九月号と十月号に掲載した特集で、翌年にはこれをまとめた書籍も発売された。一九四一（昭和十六）年十二月にアメリカ・イギリスと開戦したあと、「明治以降、西洋文化が日本文化に与えた影響」をテーマにしたシンポジウムが開かれ、京都学派の哲学者、日本浪曼派の同人、『文學界』の同人など、十三人の知識人が参加した。

（**注2**）**京都学派**　京都帝国大学の西田幾多郎《にしだきたろう》、田邊元《たなべはじめ》とその弟子たちによる哲学者のグループ。人によっては京都大学人文科学研究所を中心とした学派や京都大学の経済学や東洋史学の学派を指すこともある。

（**注3**）**日本浪曼派**　一九三〇年代後半、保田與重郎らを中心に、近代を批判して日本の

伝統回帰を主張した文学思想とそれを支持する文学者を指す。なお、一九三五年に発刊された機関誌の名称でもある。『日本浪漫派』は保田與重郎、亀井勝一郎などが創刊時のメンバーで、太宰治《だざいおさむ》や檀一雄《だんかずお》などが同人となっている。

（**注４）亀井勝一郎**　一九〇七（明治四十）年～一九六六（昭和四十一）年。戦前から戦後にかけて活躍した文芸評論家。東京帝国大学文学部を中退後、治安維持法違反の容疑で逮捕されたり、プロレタリア作家同盟に入るなど左派に属していたが、右派の保田與重郎が主宰する『日本浪曼派』創刊に参加する。奈良県の大和路を旅して古代・中世の日本仏教に触れ、宗教論や美術論などを数多く執筆した。代表的な著書に『日本人の精神史研究』『大和古寺風物誌』などがある。

（**注５）保田與重郎**　一九一〇（明治四十三）年～一九八一（昭和五十六）年。戦前から戦後にかけて活動した文芸評論家。東京帝国大学在学中から文芸評論活動を始め、ドイツのロマン派に強く魅了されて『日本浪曼派』を創刊する。近代文明の批判と日本古典主義を打ち出し、第二次世界大戦が終わるまで代表的な評論家の地位にあった。一九四八（昭和二十三）年に公職追放となるが匿名で執筆活動を続け、一九六〇年代に復権したと

される。

（注6）ロマン派　十八世紀から十九世紀にかけてヨーロッパで起こった精神運動。理性を重んじる合理主義ではなく、感性や主観に重点を置くもので、文学、美術、音楽などの芸術分野に影響を及ぼした。ドイツのロマン主義文学は北部の都市イエナを中心とし、初期ロマン派の文学者にはシュレーゲル兄弟などがいる。

「隠されたナショナリズム」

日本留学時に立教大学だけでなく、東京大学の伊藤隆先生が開いている近代日本史のゼミに参加して研究を進めるうちに、日本のナショナリズムの「民族」とは「*nation*（国民）が先行した」と考えるに至ります。

同時に、日本の民族主義は「隠されたナショナリズムだった」という視点を得ました。「隠された」というのは、当時、特にアメリカで日本の近代史を研究する人たちが日本のナショナリズムを「国家主義」あるいは「超国家主義」（注1）と理解し、政治的な部分ばかりに集中していて、文化的な面にはあまり光が当たっていなかったからです。

その後、私は運よく、政治思想史の研究者である橋川文三《はしかわぶんぞう》（注2）の『日本浪曼派批判序説』などの著作に出会い、日本のナショナリズムを流動的に捉《とら》えることの有効性を確信しました。問題はそれを説明する枠組みです。

私はナショナリズムを研究する最初の段階で、客観的な立場をとろうと決めました。「日本のナショナリズムは善か、悪か」ではなく、「近代的社会現象としてどういうふうに客観的な見方ができるか」という立場から、まず他の国にも見られる「流動性」というものを枠組みに入れて考えました。といっても、枠組みを無理矢理あてはめるようなことはせず、日本の言葉や現象に即して理論的に取り組むことを心がけました。

ちょうど一九八〇年代から一九九〇年代にかけて、東ヨーロッパで「エスニック・ナショナリズム（民族主義）」の問題が出てきました。その後もアフリカではルワンダのツチ族とフツ族の「*ethnic conflict*（民族紛争）」が起こりますが、現代の民族問題を背景にして日本のナショナリズムを考え、民族主義に対して国家主義（正確には「ステイティズム」）ないしは超国家主義もあり、その歴史的背景にして、民族主義と国民主義がせめぎ合うという流動的な枠組みを最初は立てました。

この仮説は単純過ぎるかもしれないけれども、ある意味で日本のナショナリズムにもあった「エスニック・ナショナリズム」がほとんど無視されていたように思ったのです。なお、「エスニー」とは「民族社会」あるいは「文化的共同体」と訳すことができ、イギリスの社会学者アンソニー・スミスは「真のネーション（*nation*）は中核にエスニーが存在する」と言っています。

（**注1**）**超国家主義**　「ウルトラ・ナショナリズム」は、一般的にファシズムや全体主義などを指すことが多い。しかし、ケヴィン・ドーク氏の『大声で歌え「君が代」を』によると、丸山眞男《まるやままさお》の使った「超国家主義」をイギリスの日本研究者が英訳して「ウルトラ・ナショナリズム」という単語が生まれたが、「国家を越えたナショナリズム、または国家に優先するナショナリズムという読み方が、丸山の『超国家主義』の概念に近い」（同書）。その意味では、丸山眞男の「超国家主義」はＥＵ（欧州連合）のような国家の上に位置す

る国際組織が権限を執行する「スープラ・ナショナリズム」に通じる。

（注2）橋川文三　一九二二（大正十一）年～一九八三（昭和五十八）年。戦後の政治学研究者。東京帝国大学法学部を卒業、のちに明治大学政治経済学部教授となる。戦後、黙殺されていた日本浪曼派に光をあて、一九六〇年に『日本浪曼派批判序説』を刊行した。

二十世紀に入って、日本とドイツは違う道を進んだ

ナショナリズムには「国民主義」と「民族主義」の二つがあります。「国民主義」と「民族主義」では、多くの人は「民族主義」という言葉のほうが古いと思っているようです。しかし、日本に入ってきたのは「国民主義」という言葉が先でした。もちろん、両方とも近代に生まれた言葉で大した差はないけれども、明治時代にまず「国民主義」という言葉が言説に登場します。言葉の面では、「国民主義」が「民族主義」より十年ぐらい早く日本に表れました。

国民主義の代表格は、自由民権運動（注1）です。明治憲法が成立する一八八九（明

治二十二）年直前まで盛んだった自由民権運動は、国民主義的なナショナリズムによって「国民国家（*nation - state*）」を目指していたと言っていい。しかし、国民主義的でも民族主義的でもなく、国家主義的な性格を持つ明治憲法が成立した。象徴的なのは、憲法の草案にあった「国民」が「臣民」に差し替えられたことでしょう。

この明治憲法の成立によって、国民主義のナショナリストたちは挫折を余儀なくされます。当然、非常に強い不満を持っていました。そして、評論家の志賀重昂《しがしげたか》（注2）、哲学者の三宅雪嶺《みやけせつれい》（注3）といった人たちは「国民国家が駄目だったら文化のほうへ」という方向転換を行ない、文化的ナショナリズムをつくり出します。そのときに「民族」という言葉が使われました。これが日本における民族主義的なナショナリズムの起源です。

明治維新は上からの改革と言えます。それが進んでいくなかで、民族主義的な情熱が下から湧いてきた。そういう比較で理解してもらえればいいでしょう。

以上の経緯が物語るのは、国民主義にしても民族主義にしても、日本でナショナリズムが誕生したのは明治時代ということです。なお、明治維新以前には「国家主義」

もありませんでした。

また、明治国家のモデルとして、ドイツを真似したり、フランスを真似したりするけれど、明治憲法がドイツを参考にしたように、近代国家の歩みを比較すれば、十九世紀の日本におけるナショナリズムの形成期とドイツのそれは似ています。問題は二十世紀に入ってから、日本とドイツの道が分かれていくことです。これは大事なところだと思います。ところが、第二次世界大戦を研究する日本の歴史学者は、日本とドイツを比較し過ぎます。私がそう言いたいのは、革命家のヒトラー（注4）によってワイマール憲法（注5）は*overthrow*（転覆）されましたが、日本は全然、違うからです。

国民主義や民族主義を考えるときに、ドイツとの比較だけでなく、イギリスとの比較という視点を持つとわかりやすくなります。二十世紀の日本はドイツ的な部分とイギリス的な部分を混ぜるような国だったし、ドイツと違って皇室が存続しました。ドイツのカイザー（皇帝）の存在は軍服を着た明治天皇とオーバーラップして意識されがちですが、日本のなかにはイギリス派の人たちがたくさんいて、ドイツに引っ張られるのに反対する。そういう点で、日本はドイツのあとをついていったとは言えません。そして日本はドイツと違って、帝国制度を変化なしで通り抜けることができました。

（注1）自由民権運動　一八七四（明治七）年に板垣退助《いたがきたいすけ》たちが民撰議院設立建白書《みんせんぎいんせつりつけんぱくしょ》を提出したことから始まった。藩閥《はんばつ》政府に反対し、憲法制定、議会開設、言論と集会の自由等を要求した政治運動である。一八九〇（明治二十三）年の帝国議会開設前後まで続いた。

（注2）志賀重昂　一八六三（文久《ぶんきゅう》三）年〜一九二七（昭和二）年。戦前の地理学者、評論家。一八八四（明治十七）年に札幌農学校を卒業、一八八六（明治十九）年に海軍の練習艦に乗って太平洋の島々を回り、欧州列強による植民地化の実情を報告する論文を発表する。一八八八（明治二十一）年には三宅雪嶺、杉浦重剛《すぎうらじゅうごう》たちと『日本人』を創刊し、国粋主義的な主張を展開。一九〇二（明治三十五）年、衆議院議員に当選するが、二年後の選挙で落選して政治から離れ、地理学者としての活動が主となる。代表的な著書に『日本風景論』などがある。

（注3）三宅雪嶺　一八六〇（万延《まんえん》元）年～一九四五（昭和二十）年。戦前の哲学者、評論家。東京大学文学部を卒業し、自由民権運動に参加する。志賀重昂、杉浦重剛たちと『日本人』を創刊して国粋主義の論陣を張り、陸羯南《くがかつなん》、徳富蘇峰《とくとみそほう》などと並び、明治時代中期の代表的な言論人となる。一九四三（昭和十八）年に文化勲章を受章。代表的な著書に『真善美日本人』などがある。

（注4）アドルフ・ヒトラー　一八八九年～一九四五年。ドイツの政治家。第一次世界大戦後に、アーリア民族の優位を唱える選民思想と反ユダヤ主義を掲げ、国家社会主義ドイツ労働者党（ナチス）の指導者として頭角を現す。一九三三年に首相、一九三四年にはヒンデンブルク大統領の死去によって大統領の権能を継いで、最高権力者の「ヒトラー総統」が誕生した。敵対する勢力を弾圧して独裁制を敷き、一九三九年のポーランド侵攻で第二次世界大戦の火蓋《ひぶた》を切ったが、敗戦直前に自殺した。

（注5）ワイマール憲法　第一次世界大戦末期に起こったドイツ革命でドイツ帝国が倒れたあと、共和制国家のドイツが制定した憲法の通称で、憲法制定議会が開催された都市、ワイマールに由来する。一九一九年八月に公布された。国民主権や男女平等の普通選挙、

さらに生存権の保障などが規定され、二十世紀における民主主義憲法の典型とする見方もある。一九三三年にナチスの全権委任法が成立し、事実上、消滅した。

日本で民族主義が敗北した理由

二十世紀の日本がドイツと似ているのは、第一次世界大戦後に民族運動が盛んになったことくらいです。十九世紀の末頃は、ドイツと同様に日本でも民族主義の存在は大きかった。しかし、日本の民族主義が興隆したのは十九世紀の終わりぐらいから二十世紀のはじめまでで、明治国家が成立してから成熟していくまでの間です。日本の民族主義は二十世紀に入って敗北しました。実はその前段階があります。

それは、先ほど述べた自由民権運動の挫折です。自由民権運動にはナショナリズムの種がありました。しかし、憲法が主権を国民でなく天皇のほうに付与したことがわかって挫折した。その挫折が「ナショナリズムの極端化」のきっかけとなります。社会主義者やマルクス主義者の影響を受け、二十世紀の初期に極端な行動を取ったのです。

したがって、この時期の日本とドイツは似ているところがありました。しかし、一九二〇年代から一九三〇年代にかけて、ドイツは革命派のナチスが勝ち、日本はドイツと違って革命派を抑えることができた。当然ながら、日本ではナチスを支持するような人たちが不満を持ちましたが、この革命派の敗北が日本とドイツの大きな違いです。

では、なぜ日本がナチスのような民族主義に飲み込まれなかったのか。日本の民族主義が敗北した大きな要因はいくつかあると思います。

まず、軍隊では統制派《とうせいは》（注1）が皇道派《こうどうは》（注2）を抑えた。これが一つです。

二番目は、文化の価値観が違っていました。そこには複雑な理由があるのだけれども、日本人は明治時代から法律を尊重していた。日本の民族主義は「法律的な考え方と法の支配は西洋的だ」と批判し、法律を尊重しません。法律的な考え方や法の支配が西洋的かどうかは別として、ナチスのような運動があまり広がらなかったのは、日本人が法律を尊重したことからだと思います。

三つ目は、「日本が帝国だった」からです。ここでいうところの「帝国」とは「皇帝の国」ということではなく、複数の民族を国民にする「多民族的国家」という意味です。たとえば、日清戦争の下関講和条約で割譲《かつじょう》された台湾の人たちは日本国民になり、韓国との合併で朝鮮人が日本国民になりました。これは、他民族が明治憲法の統治下に入ったということです。明治維新で誕生した近代日本は君主制国家から多民族的な帝国に変わり、「日本列島に住み、日本語を話す民族」の単一民族的国家ではなかったのです。

日本が多民族帝国だった証拠の一つを挙げましょう。

第一次世界大戦（注3）のときに、ヨーロッパで民族主義運動が盛んになりました。同じ時期、朝鮮では一九一九（大正八）年に三《さん》・一《いち》運動（注4）、中国では五四《ごし》運動（注5）が起こりました。二つとも民族主義運動で、敵は日本です。つまり第一次世界大戦のときから、日本は「民族主義者の敵国」だった。なぜかと言えば、国内には保田與重郎のような人もいたけれど、「多民族的な帝国」だったからです。

だからこそ、日本の民族主義者は不満を持ちました。「日本は多民族的帝国ではなく、単一民族的な国になってほしい」。それが明治時代に生まれた民族主義者の願いでした。

民族主義の人たちにとって、西洋的な体制はある意味で多民族的であり、拒絶反応が出ます。さらに言うならば、日本の民族主義運動は西洋的な日本の立憲体制を敵と思っていました。その真ん中に天皇がいます。だから、天皇の立場は非常に難しかったと思います。

（注1）**統制派**　旧日本陸軍にあった派閥。中心人物として永田鉄山《ながたてつざん》、東條英機《とうじょうひでき》などがいる。統制の下での国家改造を図り、欧米列強に対抗するための高度国防国家建設を目指した。二・二六事件で対立する皇道派が衰退し、軍部の指導権を握った。

（注2）**皇道派**　旧日本陸軍にあった派閥。天皇親政による国家改造を目指し、統制派と対立した。中心人物として荒木貞夫《あらきさだお》、眞崎甚三郎《まさきじんざぶろう》などがいる。統制派が優位になっていくなかで、若手将校が暴発して二・二六事件を起こし、勢力が一気に衰えた。

（注3）**第一次世界大戦**　一九一四（大正三）年から一九一八（大正七）年まで続いた大

規模な戦争である。ドイツ・オーストリア・オスマン帝国などの同盟国と、イギリス・フランス・ロシアなどの連合国が戦争当事国で、主戦場はヨーロッパだったが、植民地のあるアフリカやアジアなどでも戦闘があり、多くの国が参戦した。一九一八年のドイツ革命で皇帝ヴィルヘルム二世が退位して終結した。

（注4）三・一運動　一九一九年に朝鮮で起こった独立運動である。朝鮮人留学生たちが東京で独立宣言書を採択し、これに応じた朝鮮半島の宗教指導者たちの動きが同年三月一日のデモに繋がった。デモはソウルから朝鮮半島全体に広がり、暴動に発展する場合もあった。

（注5）五四運動　一九一九年五月四日に、北京で学生がベルサイユ条約反対や親日派の罷免《ひめん》を要求してデモを起こし、一部が暴徒化した。これが反帝国主義運動として各地に広がった。そのため、中華民国はベルサイユ条約の調印ができなかった。

戦後、左派と右派の民族主義者に共通する側面があった

二十世紀前半のドイツは、ヒトラーが象徴するように民族主義が勝利した国です。一方、日本のほうは民族主義が敗北した。そして、第二次世界大戦（注１）まで多民族的帝国の体制が続きました。

戦後になると多民族的体制が変わり、ＧＨＱ（注２）の占領期に民族主義の気運が高まります。これは右翼だけでなく、左翼も民族主義を主張しました。一九四八（昭和二十三）年から一九五〇（昭和二十五）年頃まで、歴史学者の大会はいつも民族問題にかかわるテーマが取り上げられています。日本の民族主義は敗北しても消えていなかったのです。

いまでもその影響が残っているのですが、一九五〇年代には左派と右派の民族主義者が「反米」という点で合流するところがありました。右派では保田與重郎や、日本浪曼派に傾倒した右翼思想家の影山正治《かげやままさはる》（注３）という民族主義者がいました。左派は羽仁五郎《はにごろう》（注４）などの歴史学者がみんな、反米と民族的な革命を唱えました。

右派である保田の民族主義的ナショナリズムが左派の歴史学者の民族主義的ナショナリズムと共通する側面は、「占領下で進められる西洋的な変革ではなく、アジアに期待する」「西洋的な市民ではなく、民族にアイデンティティを求める」「米ソ冷戦にかかわらず、アジアに基盤を置いて平和主義を追求する」というものです。

しかし、そういう民族主義の人たちが完全に勝つことはなかった。現在の安倍《あべ》晋三《しんぞう》総理が象徴するように、日本では国民主義が上位にきます。国際的に協調しようとすれば、民族主義派の主張だけではなかなかうまくいかないからです。その点を踏まえて、国際主義と法の支配に焦点を当てた、法律家で最高裁判所長官を務めた田中耕太《たなかこうた》郎《ろう》（注5）の「世界法の理論」を私はいま、研究しています。

（注1）**第二次世界大戦**　一九三九年から一九四五年まで続いた史上最大規模の戦争である。ドイツ、イタリア、日本の三国同盟を中心とする枢軸国と、イギリス、フランス、ソビエト連邦、アメリカ、中華民国などの連合国が世界各地で戦闘を繰り広げた。一九四五年五月にドイツが降伏、同年八月に日本がポツダム宣言を受諾して終結した。

（注2）**GHQ**　連合国軍最高司令官総司令部の略称。ポツダム宣言を執行する目的で一九四五年に設けられた、連合国軍が日本の占領政策を実施するための組織である。一九

五二年のサンフランシスコ講和条約発効で廃止された。

（注3）**影山正治**　一九一〇（明治四十三）年〜一九七九（昭和五十四）年。右翼活動家、思想家、歌人。保田與重郎の日本浪曼派に影響を受け、民族派として右翼活動や評論などを行なった。戦後は右翼の重鎮として活動を続けたが、一九七九年に元号法制化を訴えて自決した。

（注4）**羽仁五郎**　一九〇一（明治三十四）年〜一九八三（昭和五十八）年。戦前から戦後にかけて活躍したマルクス主義の歴史家。東京帝国大学卒業後、同大学史料編纂《へんさん》所に勤務したが、翌年に辞職、三木清《みききよし》たちと雑誌「新興科学の旗のもとに」を創刊した。一九四七（昭和二十二）年から一九五六（昭和三十一）年まで参議院議員を務めた。代表的な著書に『都市の論理』などがある。

（注5）**田中耕太郎**　一八九〇（明治二十三）年〜一九七四（昭和四十九）年。戦前から戦後にかけて活躍した法学者。一九一五（大正四）年に東京帝国大学法学部を卒業し、内務省勤務を経て東京帝国大学助教授に転じる。吉田茂内閣の文部大臣、最高裁判所長官を務めたあと、国際司法裁判所判事に就任した。内村鑑三《うちむらかんぞう》の門下生となって無教会主義

キリスト教に入信したが、内村に破門されてからカトリックに改宗した。

民族主義とアジア主義は基本的に矛盾している

いまの日本には「日本はアジアの一員ではない」と考えるインテリがいますが、日本がかなり西洋化しているにもかかわらず、「心だけはアジアの一員だ」と思っている人もいます。右派も左派も、民族主義の人たちのなかに「アジアのために」と言う人は多い。影山正治もそうでした。

日本の民族主義を振り返ると、古くは岡倉天心《おかくらてんしん》（注1）の「アジアは一つ」という考えがありました。その地域主義的発想は民族主義的でもあるし、一種のナショナリズムと言えるでしょう。その後、日本だけが近代化を成し遂げたので、西洋列強に負けないように日本がリーダーになってアジアを一つにまとめる。つまり、「アジアとともに立たん」という考え方が強くなります。これはかなりナショナリスティックなものですが、民族派の人たちはそういう思いを持っているように感じます。

したがって、近代の日本で「民族主義」と「アジア主義」が合わさることはしばしば起こりました。しかし、民族主義とアジア主義は基本的に矛盾しているから、うまくいくはずはないのです。

先ほど述べたように、自由民権運動が挫折したあと、社会主義、無政府主義の運動が「民族」という概念の力を使い、次に共産主義や社会主義の人たちが反帝国主義運動に「民族」を使った。そこで、アジア主義と民族主義が繋がるように錯覚したけれど、多民族的な帝国だった日本は民族主義と相容れない国です。したがって、とりわけ戦前の日本では「民族主義」と「アジア主義」が一体化することなど不可能と言わざるを得ません。

また、「民族主義は東洋的なナショナリズム、国民主義が西洋的なナショナリズム」と言われたりしますが、この比較は大袈裟だと思います。わかりやすくするためには、そう理解したほうがいいという程度です。

アジア主義に関して私なりに感じるのは、「アジア」という概念の問題です。「日本はアジアか、非アジアか」という問いの前提にあるのは、西洋人がつくり上げた「アジア」という概念です。西洋人がアジアと出会う前に、アジア人自身が「われわれはアジア人かどうか」という問いかけはなかったはずです。だから、それは考えないほうがいいと思います。

（注1）岡倉天心　一八六三（文久二）年～一九一三（大正二）年。戦前の思想家。東京開成所（現在の東京大学）の講師として来日したアーネスト・フェノロサと東京美術学校（現在の東京芸術大学）設立に尽力し、一八九〇（明治二十三）年に同校の校長に就任。ボストン美術館東洋部長なども務め、日本と東洋の美術を海外に紹介した。また、近代日本の美術史学の開拓と伝統美術振興の指導者でもあった。代表的な著書に『茶の本』などがある。

明治維新はナショナリズムの勝利だったのか

どんなナショナリズムも自分の独自性を主張します。日本の独自性を探すならば、その一つとして明治維新があります。

明治以降の日本はアジアの国で唯一、近代化に成功した。その成功の理由として私が考えるのは、日本人だけが実用的な態度をとったことです。問題を技術的に解決するためには、いままでやってきた慣習的なこと、文化的なことを、直面する問題の解決のために捨てなければなりません。民族的な考え方と技術的な考え方とは価値観が反対だからです。「西洋の船が来て大砲で脅した。近代化に成功しなければ国がつぶれる」という危機に対して日本人は、「だから、私たちは古い習慣を捨てる」という選択ができました。

しかし、他のアジアの国は伝統的な価値観にとらわれ過ぎて、そういう思考が弱かった。伝統的な価値観から逃れられなかった代表的な国が朝鮮と中国です。彼らの価値観は西洋のインパクトがあっても大きく変わらず、近代以前に留まりました。反応が弱いのは、その国の価値観によるのだと思います。

また、他のアジアの国は新しいものにチャレンジしようという気持ちも弱かった。ある意味で、それは人間性です。日本人が近代化に成功できたのは、普遍的な人間性があったからだと言えるかもしれません。しかも日本は、西洋文化で不適当と考える部分を受け入れなかった。そういう意味では、日本が伝統的価値観を軽んじたとか、守るべき文化がないということではありません。

それから、歴史的遺産というべきものの影響があったように思います。江戸時代はたくさんの藩が存在しましたが、それぞれはほとんど異国のようなもので、場合によっては言葉も通じない。その藩同士が、学問にしても武道にしても産業にしても競争していました。そういう歴史的な土壌があったから、技術的に問題を解決する態度をとることが可能だったのではないでしょうか。

ちなみに、朱子学を主にしてきた徳川幕府を、神道《しんとう》を使って倒すという倒幕運動がありました。彼らが目指したのは神道的な国です。しかし一八七三（明治六）年頃に、明治政府は西洋の圧力でキリスト教禁制の高札を外しました。それは近代日本に宗教の自由が早くからあったという証拠でもありますが、逆に言うと、神道的な神権政治（*theocracy*）の国ができなかったということです。

要するに、「草莽之臣《そうもうのしん》」と呼ばれる活動家の多くに神道的な民族国家をつくる希望があった。でも、そうならなかった。もっと冷静な思考ができる人たちが勝った。それは日本にとって幸いだったと思います。

そう考えると、明治維新はライシャワー（注1）などの有名な歴史学者が言うように、「成功したナショナリズム」（*successful nationalism*）ではなかったと言っていいでしょう。明治維新後の近代化において、ナショナリズムとしては成功できなかった。政治的に大きな問題に直面したとき、技術的に解決を図ったから日本の近代化は成功した。この経緯に対して、国民主義でも民族主義でもとにかくナショナリズムに期待した日本人が失望したことは想像に難くありません。だから少なくとも、民族主義のほうは精神主義になってしまったのだと思います。

（注1）エドウィン・ライシャワー　一九一〇年～一九九〇年。アメリカの東洋史研究者。ハーバード大学教授を務め、ハーバード大学日本研究所（現在はライシャワー日本研究所）所長として日本研究を推進するだけでなく、後進の育成にも力を注いだ。一九六一（昭和三十六）年から一九六六（昭和四十一）年まで駐日アメリカ大使を務めている。妻

は明治の元老《げんろう》・松方正義《まつかたまさよし》の孫のハルである。

日本の近代化はまだ終わっていない

近代日本のナショナリズムは民族、国民、天皇、国家、アジア的な価値観、西洋的な価値観等々、いろいろな要素から発せられる主張がぶつかっています。そうであるのに、日本のナショナリズムに関する分析は一般的な決定論が多過ぎます。「明治維新は日本のナショナリズムの成功であり、日本はナショナリズムが強過ぎて第二次世界大戦に繋がっていく」。こういう単純な考え方に私は反対です。また、ナショナリズムは必ず国家と絡《から》むというものではないし、「*nation*」は同一民族に限定して語られるべきものではないと考えます。

それから、日本の場合、民族的なナショナリズムと国民的なナショナリズムのうえに国家主義的な立場がありました。したがって、日本には少なくとも三つの立場がある。それなのに一方的な解釈で事足れりとするのは、ナショナリズムの分析というより政治イデオロギーの主張と言うべきでしょう。

私は日本のナショナリズムを客観的に捉えるため、他の国における流動性の枠組みを参考にして考えましたが、ナショナリズムは日本でもドイツでもアメリカでも、流動的かつ近代的な基本思想だと思っています。だから、複雑なせめぎ合いのなかで形成される。日本でもそうだった、と自信をもって断言できます。

私がいつも繰り返すのは、「*nation*」に「国民」と「民族」の二つの意味があり、その意味合いが違うということです。これは社会的な現象として重要なところです。たとえば、日本には白人、黒人、東洋人等々、大和民族ではない国民がいます。その人たちを法律的に日本の国民と認めるとしても、日本の民族と認めなくてもいい。そこには民族性と国民性の差異があるわけです。民族性と国民性が同じだという人は、民族主義の立場に立たざるを得ない。なぜかといえば、「国民」と「民族」を同じとするなら、自分の国に他の民族性を認めないということになるからです。それに反して、他民族を自分の国民として認める考え方が国民主義です。

事実、明治時代にも小泉八雲《こいずみやくも》（注１）のような人がいました。日本の法律によって帰化したければ帰化する。それは日本人が近代的な発想のなかで、「日本の国民になっても民族として移ったわけではない」という国民主義的考え方の証拠です。

最後につけ加えたいのは、日本のナショナリズムが近代化を成功させたという立場も、日本のナショナリズムが敗北したという立場も私はとりません。真ん中の曖昧《あいまい》なところを進んだと考えます。だからいまでも日本の近代化は終わっていない。国でもそうです。そこが安倍政権の一番重要なところで、近代化を完成させようとする政治的な立場をとっていると私は見ています。

（注1）**小泉八雲（ラフカディオ・ハーン）** 一八五〇年〜一九〇四年。ギリシア出身の文学者。熊本の第五高等学校、東京帝国大学文科大学の講師などを務めながら日本文化を研究し、執筆活動を通して海外に紹介した。島根県松江市で英語教師をしているときに小泉節子と結婚、一八九六（明治二十九）年に日本国籍を取った。代表的な著書に『怪談』などがある。

第3章

「天皇」「靖國神社」「奇跡の経済成長」

天皇とローマ教皇はよく似ている

私の勘違いでなければ、「天皇制」は二十世紀の言葉です。一九二二（大正十一）年に日本共産党が結成されたあとで、共産主義者が「君主制度」を「天皇制」に代えた。それは、皇室に敵対する表現としてつくり上げたのではないかと思います。色川大吉《いろかわだいきち》（注1）のような歴史家のなかで全体主義的な制度として解釈された「天皇制」を、共産主義と反対側にいる人たちまでそのまま使っているのはおかしなことです。

書誌学者の谷沢永一《たにざわえいいち》（注2）は「制」がつくのは共産党の造語であり、普通は「天皇」と言うとおっしゃったそうです。たしかに明治時代の第一次史料を見ると、「天皇制」という言葉は目にしません。たいがいは「君主制度」という言葉で語られています。

一九二〇年代に日本で共産主義が興ったときに「天皇制」という言葉が出てきたことを考えれば、「天皇制」はあまりよくない表現であり、できる限り使わないほうがいい。私の見方としては、普通の「君主制度」「皇室」という言葉のほうが適切だと思います。

さて、外国人である私は、日本の神道《しんとう》や皇室を理解するときに、自分なりの入り口を見つけなければなりませんでした。そこであれこれと模索していたら、天皇について非常におもしろい性質を発見しました。表現の仕方に困るのですが、それは「*institution*」(制定か制度と訳せばいいのでしょうか)とでも表現できるかもしれません。天皇の「*institution*」でおもしろいと思ったのは、カトリック教会のローマ教皇《きょうこう》とよく似ていることです。

まず天皇と教皇は、ともにおおむね宗教的な制度です。「おおむね宗教的な制度」と言ったのは、どちらも政治的な意味合いを持った時代があったからです。

二つ目は系統史の共通点です。日本の皇室とカトリック教会を歴史的に比較すると き、広義の意味と狭義の意味の二つから説明できます。

狭義の皇統は、初代から第二十五代までの天皇を歴史的な裏付けが曖昧《あいまい》な神話として度外視し、史実としてはっきりしている第二十六代の継体《けいたい》天皇(注3)からを歴史とします。私は古代史が専門ではないので二次的な歴史の書籍を読んだのですが、ほとんどの歴史学者と考古学者がそういう結論を出していました。継体天皇の即位は紀元五〇七年頃ですから、狭義の皇統は六世紀のはじめに始まったわけです。

では、狭義のローマ教皇はというと、紀元三三年頃のペトロ（注4）を初代とします。したがって、狭義的にはローマ教皇のほうが天皇より古いと言えます。

でも、神話の天皇も含めた広義の皇統で言えば皇室は古い。百二十五代を遡《さかのぼ》った初代の天皇は、紀元前六六〇年の神武《じんむ》天皇（注5）です。

同じく広義のローマ教皇を見ると、アブラハム（注6）が神と交わした契約を受け継いだカトリック教会は、広義的には紀元前一八九〇年に創立したので、ローマ教皇のほうがまた古い。

私が言いたいのは、どちらが古いかという問題ではなく、狭義と広義の二つにおいて、どちらも非常に古いし、歴史的にいつ始まったかが非常に曖昧ということです。この点で似ています。

ちなみに曖昧ということは、「神武天皇がいた」と信じたければ信じてもいい。要するに、継体天皇以前の二十五代の天皇は近代的な歴史研究の裏付けがほとんどないというだけのことであり、証拠がないからといってそれが存在しないと結論づけられません。もちろん、「アブラハムの契約を受け継いだカトリック教会」と信じてもいいのです。

余談ですが、ローマの建国者を狼に育てられたロームルスとレムス（注7）という兄弟とする神話があります。大昔の起源まで遡ると、神話的曖昧さの世界に至るものです。そして、神話がある国は成り立ちが古いと言っていいでしょう。

以上の二つは主として宗教的な問題ですが、三番目は政治的な共通点です。どちらも政治的勢力だった時期があったことは先ほど触れました。そこで私の目を引いたのは、日本の皇室とカトリック教会がほとんど同時代に分裂したことです。本当にこれは奇妙なことです。

日本の場合は、南北朝の分裂（注8）が一三三六年から一三九二年までありました。カトリック教会の分裂（注9）はアビニョン捕囚《ほしゅう》から帰ったあとの一三七八年から一四一七年までです。ほとんど同じ時期にほとんど同じようなことがあった。その意義はまだわからないけれども、これはおもしろいと思います。

最後に似ているところが現代の非政治化です。戦後の天皇は、象徴天皇になって政治から隔《へだ》たったところに置かれています。カトリックの教皇も一八七〇年からだんだん領土と政治力を失っていき、現在のローマ教皇庁は象徴国家と言ってもいいほどのものです。

第一点は「皇室と教皇が主に宗教的な制度だが、政治的な曖昧さは時代によってあったこと」。第二点は「系統史の共通点」。第三点が「ほとんど同時代に分裂していたこと」。第四点が「現代の非政治化」。この四つの共通点から見ると、外国人である私にも日本の皇室が何とかわかるような気がしてきます。

（注1）色川大吉　一九二五（大正十四）年〜。戦後の歴史家で、東京経済大学名誉教授。東京大学を卒業後、日本共産党に入党する。東京経済大学で教鞭《きょうべん》を執る一方で世界各地を回り、国立歴史民俗博物館の設立にも尽力した。明治期の埋もれた民衆思想を掘り起こした『明治精神史』は代表的な著書の一冊である。

（注2）谷沢永一　一九二九（昭和四）年〜二〇一一（平成二十三）年。戦後の文芸評論

家、書誌学者で、関西大学名誉教授。評論活動の対象は文学の他に政治、経済、歴史と幅広い。代表的な著書に『完本 紙つぶて』などがある。

（注3）継体天皇　四五〇年？〜五三一年？（在位：五〇七年？〜五三一年？）。第二十六代天皇。『古事記』『日本書紀』によれば、第二十五代の武烈《ぶれつ》天皇が後継者を決めずに崩《ほう》御《ぎょ》し、越前国《えちぜんのくに》にいた応神《おうじん》天皇の子孫・男大迹王《をほどのおおきみ》（『日本書紀』。『古事記』は袁本杼命《をほどのみこと》）が有力豪族によって迎えられた。

（注4）ペトロ　？〜六七年？。イエス・キリストに従った使徒。カトリック教会、聖公会などでは聖人の一人である。漁師だったペトロはイエスの最初の弟子になり、ローマで布教していて殉教《じゅんきょう》したとされる。また、ペトロの墓とされた場所に建てられたのがバチカンのサン・ピエトロ大聖堂である。

（注5）神武天皇　在位：紀元前六六〇年〜紀元前五八五年。日本の初代天皇。『日本書紀』によると、日向《ひゅうが》を出て瀬戸内海を東に進み河内《かわち》に上陸すると、難敵に苦しめられながらも大和《やまと》を制して、紀元前六六〇年に橿原《かしはら》で即位した。

（注6）アブラハム　ユダヤ教、キリスト教、イスラム教を信じる人々の始祖とされ、ノ

アの洪水のあとで神が選んだ最初の預言者に位置づけられている。

（注７）ロームルスとレムス　ローマの建国神話に登場する双子の兄弟で、狼に育てられた二人が紀元前七五三年にローマ市を建設したとされる。

（注８）南北朝の分裂　一三三六（延元《えんげん》元／建武《けんむ》三）年に足利尊氏《あしかがたかうじ》が光明《こうみょう》天皇（北朝）を擁立して後醍醐《ごだいご》天皇（南朝）が吉野に移ってから、一三九二（元中《げんちゅう》九年／明徳《めいとく》三）年に後《ご》亀山《かめやま》天皇（南朝）が神器《じんぎ》を後小松《ごこまつ》天皇（北朝）に譲って京都に戻るまで、朝廷は二つに分かれていた。

（注９）アビニョン捕囚とカトリック教会の分裂　アビニョン捕囚は一三〇九年から一三七七年まで、フランス王の要求に従って、カトリックの教皇座がローマからフランスのアビニョンに移され、七人の教皇がアビニョンに住んだこと。一三七七年、グレゴリウス十一世のときに教皇はローマに戻ったが翌年、逝去すると、ローマとアビニョンにそれぞれ教皇が立てられ、一四一七年まで分裂状態が続いた。

「天皇制はとんでもない悪魔のシステム」

「天皇に戦争責任を負わせることはずいぶん議論があった。結果的には戦争責任を負わされなかったけれど、イギリスの王室や日本の皇室に当たるものがないアメリカの人の目に天皇はどう映ったのか」

このような質問を受けたとき、アメリカの心理的な問題を尋ねられたのだと理解しました。その辺はアメリカにとって微妙なところがあるのですが、少なくとも三つの要素を私は考えます。

第一は西洋のヘーゲル派（注1）の思想です。そこでは、東洋に強大な権力者がいるという「東洋専制主義」が語られます。これが当時の人たちに影響があったと思うのです。

あまりアジアのことを知らないアメリカ人は、ヘーゲルが言うように「西洋と違い、東洋は民主主義的伝統がなく専制主義だ」と思っていました。だから、東洋を見るときに「中国は皇帝がいるはずだ」と考えるし、日本に議会があることを認めなかった。本当にアメリカの国民は、日本に立憲君主制や議会があるとは思わなかったのです。いや、いまでもそういう人はたくさんいます。だから、ヒロヒト（アメリカでは昭和天皇を「ヒロヒト」と呼びます）とヒトラーが一緒になってしまうのです。

日本は、国事行為の最終的な承認を天皇からもらう制度でした。法律でも条約でも、天皇陛下の決裁――御名御璽《ぎょめいぎょじ》（注2）――がないと動けない。それをもらわないで徳川幕府が開国したことは水戸藩が反抗する理由になり、「大老《たいろう》の井伊直弼《いいなおすけ》（注3）を除かなければならない」というエネルギーに繋がってしまいました。だから、御名御璽は大きいと思います。ただし、それはヘーゲル派のいう東洋専制主義とは異質のものです。

第二の要素として挙げられるのは、二十世紀前期のアメリカで共産主義の人たちの影響が大きかったことです。フランクリン・ルーズヴェルト政権（注4）に共産主義者やそのシンパが入っていたことはすでに明らかになっていますが、その人たちは共産主義の思想から、「天皇は封建的な制度であり、取り除かなければならない」と考えました。

これはアメリカ人にとって受け入れやすいものでした。なぜ、受け入れやすいのか。そこには三つ目の要素が関係してきます。アメリカが革命から生まれたということです。アメリカの「革命」とは、イギリスの王室に対してのものです。アメリカ文化の本流は反君主制であり、君主制度が大嫌いです。アメリカの本来的な考え方は「君主制度には自由がない」というもので、それが共産主義の思想とヘーゲルの東洋専制主義的な考え方をマッチさせた。その時期の人たちだけでなく、いまでも特に左翼の人と進歩主義の人たちはあまり皇室や王室を尊敬しません。もちろん、例外もないわけではなく、少なくともカトリックの人たちのなかには王室や皇室といった君主制を敬拝する流れがあります。

アメリカ人から見ると、以上の三要素が重なって「天皇制はとんでもない悪魔のシステム」という感覚がありました。いまでも、進歩主義の人たちと左翼の人たちはそうでしょう。ただし、アメリカで「プリンセス・ダイアナ現象」(注5)が起こって以後、イギリスの王室に対してはある意味で夢を見ているようなところもあります。それが日本の皇室に当てはまるかどうかはわかりませんが、アメリカで指導的な新聞に記事を書く記者たちが、こういったことをどこまで理解しているかは疑問です。彼ら自身が進歩主義でありたいと思っているとどうしても批判的になり、事実、そういう記事を書く人は多い。それは朝日新聞の記者と同じです。

（注１）ヘーゲル派　ドイツの哲学者ヘーゲルに師事したり影響されたりした哲学者の一派。ヘーゲルの死後は右派（老ヘーゲル学派）、中央派、左派（青年ヘーゲル学派）に分かれた。

（注２）御名御璽　御名は君主の名前のことだが、ここでは法律などの文書に記された名前を意味する。御璽は君主の公印のことである。

（注３）井伊直弼　一八一五（文化《ぶんか》十二）年～一八六〇（安政《あんせい》七）年。彦根《ひこね》藩の藩主で、徳川幕府の大老を務めた。日米修好通商条約に調印し、反対勢力を強権的に抑え込んだ。そのために水戸藩浪士と薩摩藩士に襲撃され、桜田門外《さくらだもんがい》で暗殺された。

（注４）フランクリン・ルーズヴェルト　一八八二年～一九四五年。アメリカの第三十二

代大統領に就任（在任期間：一九三三年～一九四五年）。アメリカの大統領として四選された唯一の人である。ニュー・ディール政策で大恐慌に対処し、第二次世界大戦では連合国を指導した。任期中に急死。

（注5）プリンセス・ダイアナ現象　イギリスのチャールズ皇太子妃だったダイアナ（一九六一年～一九九七年）はその言動だけでなく、ファッション等も含めて人気が高い。アメリカのニュース番組と雑誌が共同して行なった二〇一三年の世論調査で、「生き返ってほしい有名人」の第一位がダイアナだったという。一九八六（昭和六十一）年に初めて日本を公式訪問したときも、「ダイアナフィーバー」と呼ばれる社会現象が起こった。

靖國神社の英霊はカトリックでは聖人

アメリカの一般国民は、「日本人にとって昭和天皇は生き神だ」と思っています。これが日本の皇室とイギリスの王室とで違っている最大のポイントです。典型的なステレオタイプであり、営々と続いてきた宣伝の結果ですが、「神」というところが大いに問題となります。

アメリカ人はヨーロッパ人より教会に行きます。だから、「なぜ、あいつは自分が神だと思っているのか」とか「あれは神の侮辱だ」とか「日本のエンペラーは思いあがっている」と反発するのです。

「神」という点だけは受け入れない。それは、「神」というときの中身が違うことをわかっていないからです。英語で「神」は「*God*」ですが、日本の「神」は「*God*」ではなく日本語で「聖人」「聖者」と訳される「*saint*」という単語が適切だと思います。

靖國神社は戦争で亡くなった霊を「神」として祀《まつ》りますが、カトリック教会では「いい人」が死ぬと聖人になります。神ではないけれど、聖人も信者が祈る対象です。その意味で、靖國神社の英霊とカトリック教会の聖人はかなり並行していると思います。

靖國神社に関してつけ加えると、「東京裁判でA級戦犯となった戦争犯罪人が祀られている」という理由で参拝を批判する人たちが多いけれども、日本人の場合、死んだらみんな同じであり、それを祀ったり、お参りしたり、お祈りするのは純然たる宗教行為です。クリスチャンにも、「死んだ人たちはこの世の罪がなくなる」というような論理があります。しかし欧米での靖國神社の問題は、単なる宗教行為の枠に収まっていません。なぜかと言うと、戦争の勝者と敗者という関係があるからだと思います。それがなければ、欧米の人は靖國神社参拝を理解できるはずです。しかし、第二次世界大戦の勝利国として思い上がった立場をとっている。だから、A級戦犯の人たちを批判することに容赦《ようしゃ》がない。

このことに関連して、欧米でよく挙げられる仮説があります。第二次世界大戦で一番悪い人間はヒトラーと言っていいでしょう。そのヒトラーは、もしかしたら天国にいるかもしれないのです。あり得ないという人はいるけれども、キリスト教の考えでは、もし彼が死ぬ前に「許してください」と言えば、どんなに悪いことをしても天国に行ける。だから、あの世にいる人たちのことを判断できないというのがクリスチャンの基本的な論理です。東京裁判や靖國神社を見るときにそれを忘れるのは、勝利国の矜持《きょうじ》というより傲慢《ごうまん》さのゆえでしょう。

「靖國神社に参拝すべきだ」と布告したカトリック教会

第二の話題は、前項で触れた靖國神社です。靖國神社とカトリックとの関係をお話ししたいと思います。

私が靖國神社を考えるきっかけとなったのは、一九三二（昭和七）年の上智大学事件です。一九三二年に上智大学の学生が軍隊の訓練で靖國神社参拝を命じられ、これを拒否した。上智大学はイエズス会の大学です。靖國神社参拝の強制が信教にかかわるかどうか、いろいろと議論がなされ、日本の文部省とバチカンとの間でも話し合いが持たれました。結局、足かけ四年くらいの交渉を経て、一九三六（昭和十一）年五月二十六日にバチカンのプロパガンダ・フィーデ（布教聖省）が、「祖国に対するカトリック信者の責務についての訓令」（*Pluries Instanterque*）というものを布告しました。

その訓令によると、「日本のカトリック信者は靖國参拝すべきだ」となっています。「してもいい」ではなくて「すべきだ」と書かれているのです。

どういう根拠でその結論が出たかは難しい神学的な理論だけれど、広島にいたドイツ出身のヨハネ・ロス司教（注1）が非常に深く「免罪」を研究したうえで、日本の憲法とバチカンの教義も研究し、「参拝することが適切だ」という結論に至りました。そして、ロス司教は上智大学のヘルマン・ホイヴェルス総長（注2）と話し合い、ホイヴェルス総長が日本の文部大臣と話し合います。そのなかで、文部省が「参拝することに宗教的な意味は入っていない。愛国忠君ということだけに意味がある」と保証した。それをバチカンは受け止めて研究し、「カトリックの人たちは愛国忠君を尊重するはずだ。それは自然徳だからである」ということで「参拝すべきだ」と認めたのです。

プロパガンダ・フィーデが教皇の権威の下で出した布告は正式のものであり、日本のカトリック教徒に留まらず、全世界のカトリック教徒に義務づけられます。しかも、一九三二年の布告は戦前のものだけれども、戦後に宗教法で神道が一般の宗教に定義された以後の一九五一（昭和二十六）年にも、バチカンは「祖国に対するカトリック信者の責務についての訓令」を再布告しました。したがって、現在も有効性があります。

残念ながら、いま、日本にいる司教たちのほとんどがこれを無視しています。現代は愛国主義や忠君に対して否定的になっているという時代の変化があるとしても、それはよくありません。カトリック教会がイギリスの聖公会（*Anglican Church*）（注3）と違っているのは、教皇が司教の上に位置することです。当然、司教は教皇に服従する義務がある。だから、私は日本人でないけれども、日本に来たときは教皇の訓令に従って靖國神社に参拝します。

私が上智大学事件とその後の経緯を学んだのは、イエズス会の日本人神父でアメリカのノートルダム大学で歴史の教授を務めた南木神父が英語で書いた本です。南木神父はすでに故人になっていますが、上智大学まで足を運び、アーカイブに入ってロスの手紙などを原文で読んで本を書いた。そこには詳しい事実がたくさん入っています。

少数派である日本のカトリック教徒の人たちは弱い立場にあるから敏感に反応するはずだけれど、全然、問題にしなかった。したがって、憲法の保障する宗教の自由という権利を蹂躙《じゅうりん》されていなければ、靖國神社を参拝することにどうして異議があるのかと私は考えます。他の宗教の信徒たちはどういう言い訳をするのでしょうか。

（注1）ヨハネ・ロス　一八七五年～一九六九年。イエズス会に入り、司祭となる。一九二五年に上智大学の教授として招聘《しょうへい》されて来日。二年後、広島教区に移り、第二代広島教区長を務めた。

（注2）ヘルマン・ホイヴェルス　一八九〇年～一九七七年。イエズス会のドイツ人宣教師で、第二代上智大学総長。一九二三年に来日し、上智大学でドイツ語と哲学を教える。一九三七年に初代総長が亡くなったあとを受けて総長に就任、一九四〇年まで務めた。

（注3）聖公会　イギリス国教会系の教派。各国にある聖公会はイギリス国教会のカンタベリー大主教の地位を認めているが、組織はそれぞれ独立している。

カトリック教徒はイギリス国王になれない

靖國神社に関するもう一つの視点は、国教（*established religion*）ということです。戦後、日本は「アメリカ」「アメリカ」と言って、アメリカのような「国家と宗教の分離」をやり過ぎたという批判もあるけれど、神道を国教と考える場合、アメリカよりイギリスを比較するほうがいいと思います。

ある意味で、イギリスは国教のある国です。エリザベス女王（注１）は国の主権を持ちながら、イギリス国教会のヘッドでもあるからです。また、イギリスの王室法では、国王をイギリス国教会の信者に限るのだそうです。要するに、イギリス国教会の信者でなければイギリス王になれない。そればかりか、二〇一一年までは王や女王がカトリック教徒と結婚することを禁じられていました。二〇一一年からは、王や女王がカトリック教徒と結婚してもいいことになったけれども、イギリス国教会のリーダーだから本人がカトリックに入信することはできません。

このことに関して、興味深い事件がありました。ジョージ五世（注２）の孫のニコラス・ウィンザーという人が、二〇〇一年にカトリックに改宗した。かなり距離があるとはいえ、王位継承者の一人です。そのときに、「カトリックの彼が国王になったらどうなるのか」という論争がイギリスでたくさん起こったのです。

一方、現在の憲法下で天皇は主権を持っていません。その点で、宗教的にエリザベス女王よりかなり自由な立場に立っていて、神道の元首の役割を担っても何の問題もないと私は思います。

また、戦後の憲法において、天皇ご自身に宗教の自由があるという解釈もできます。これは最高裁判所長官を務めた法学者の田中耕太郎《たなかこうたろう》の解釈です。日本の皇室典範《こうしつてんぱん》――私は一応、読みました――のなかに、宗教的な限定は何も書かれていません。したがって、田中耕太郎の解釈は正確だと思います。

宗教の自由という点で、イギリス王室より日本の皇室のほうが濃厚です。日本では、朝香宮鳩彦王《あさかのみややすひこおう》（注3）が皇籍を離脱された四年後の一九五一年にカトリックに改宗しましたが、全然、問題はありませんでした。寛仁親王妃信子《ともひとしんのうひのぶこ》さんは小さいときからカトリックですが、そのことを問題視する議論は起こっていません。イギリスと比べると、皇室に近いカトリックの信者に対して論争はあまりなかったのではないかと思います。だから、日本の皇室はイギリスの王室より宗教の自由があると私は考えます。

こういうことは、アメリカと比較しているだけではわかりません。アメリカには皇室や王室がないからです。また、アメリカの政治的、宗教的な伝統は日本とずいぶん違います。だから適当なのはイギリスと比較することだと思います。

（注1）エリザベス二世　一九二六年～（在位：一九五二年～）。イギリスなどに十六カ国の国家（イギリス連邦王国）の君主で、イギリス国教会の首長でもある。二〇一五年九月に、イギリス史上で最も在位が長い君主となった。

（注2）ジョージ五世　一八六五年～一九三六年（在位一九一〇年～一九三六年）。エドワード七世の二男に産まれる。兄が亡くなったため、弟のジョージが王位を継承した。第一次世界大戦で戦ったドイツ皇帝ヴィルヘルム二世は従兄弟《いとこ》にあたり、戦争中にドイツ由来の家名をウィンザー家に変えた。

（注3）朝香宮鳩彦王　一八八七（明治二十）年～一九八一（昭和五十六）年。久邇宮朝《くにのみやあさ》彦親王《ひこしんのう》の王子で、一九〇六（明治三十九）年に朝香宮を創設し、初代当主となる。陸軍に入り、最終階級は陸軍大将。一九四七（昭和二十二）年に皇籍を離れる。

戦後の経済復興を成功させた二つの要素

三番目のテーマは、奇跡の経済成長です。これは主に池田勇人《いけだはやと》内閣（注1）の所得倍増のことを指すと思うのだけれど、一九六〇年代の高度経済成長を含めて戦後の経済復興を考えてみたいと思います。

日本の奇跡的な経済発展は、二つのレベルに分けて考えることができるでしょう。一つは普遍的な条件、もう一つは日本の独特な特徴です。

普遍的な条件とは冷戦の時期ということです。だから日本だけでなく、西ドイツもほぼ同じ時期に経済発展を成し遂げました。それを念頭に置かないと、普遍的な条件はわかりません。

では、冷戦にかかわる普遍的条件とは何か。日本に対しても西ドイツに対しても、まず反共に仕向ける政策が必要でした。したがって、アメリカは復興を含めて政策を変え、いろいろな意味での援助をした。それが日本と西ドイツの経済発展を支えたのです。

アメリカの援助とは何か。一つは日本が輸出するときに関税の許可を優先的に扱っていたのではないかと思うし、朝鮮戦争（注2）で必要になったジープとトラックの製造工場を日本で始めるなど、アメリカからいろいろな投資が行なわれた感じがします。また、吉田茂《よしだしげる》総理（注3）の取った政策――吉田ドクトリン――は、ご存知のように非軍事化が含まれていますが、日本は防衛に関するコストを極力抑え、経済に力を注ぐことができました。その防衛コストの負担をアメリカが引き受けたことも援助と言えるでしょう。

ただ、いまから考えると、私は吉田ドクトリンに少し批判的です。あの時期はよかったとしても、吉田ドクトリンは現在の日本にふさわしくないような気がします。また、戦後の復興期の経済発展はよかったと褒めるばかりではなく、バランスのとれた分析ができれば一番だと思います。

もう一つの条件である日本の独特な特徴を考えると、重要なのは行政管理と教育です。戦前から官僚が有効な行政管理の仕事をしていました。だから戦後、再スタートを切った時期でも、限られた資源を有効に使う能力があった。それから、日本社会は教育を大事にしていて人的能力が高かった。さらに言えば、社会の安定性もある程度は確保されました。それらと吉田ドクトリンが合わさり、さらに池田勇人首相の経済政策があって高度経済成長に至ったのだと思います。

（注1）池田勇人　一八九九（明治三十二）年〜一九六五（昭和四十）年。戦後の政治家で、一九六〇（昭和三十五）年から一九六四（昭和三十九）年まで内閣総理大臣を務めた。「所得倍増計画」を打ち出して、高度経済成長の実現に大きな役割を果たしたとされる。

（注2）朝鮮戦争　一九五〇年に北朝鮮（朝鮮民主主義人民共和国）が韓国（大韓民国）に侵攻して始まった戦争である。当初は北朝鮮が優勢だったが、連合国軍が仁川《インチョン》上陸を強行したことで形勢が逆転、北朝鮮軍は鴨緑江《おうりょくこう》まで追いつめられた。そこに中国が介入して連合国軍を押し返し、一九五三年に休戦した。

（注3）吉田茂　一八七八（明治十一）年〜一九六七（昭和四十二）年。第四十五代・四十八代〜五十一代の内閣総理大臣。外交官から政界に転じ、サンフランシスコ講和条約

を締結した。

明治期の日本は自分の力で立ち上がった

戦後の経済発展を経験した日本人はたくさんいるでしょう。当時を振り返って考えると、国民は飢えることから救われました。それが奇跡のように感じるのは当然であり、私もよくわかります。

しかし、少し距離を取って眺めると、近代日本史のなかで、戦後の経済発展より明治時代の富国強兵《ふこくきょうへい》の成功のほうが私に強い印象を与えます。なぜかというと、英語の諺《ことわざ》の"*pull yourself up by your own bootstraps*"だったからです。直訳すると「自分の長靴のストラップを引き上げる」「自分の靴紐を自分で締める」ですが、意訳すると「自力で立ち上がる」という意味です。

明治の日本は、戦後のようにアメリカの援助や世界の状況に助けられたという面がほとんどなく、本当に自分の力で立ち上がった。明治期の日本は自立心を持ち、日本人自身に立ち上がる力があったのです。

もっとも、戦後の経済発展の「二度目性」も重要だと思います。米国の援助や世界の状況という追い風があっても、二度も国民が立ち上がったことは日本のいい面を表しています。

キッシンジャー（注1）が周恩来《しゅうおんらい》（注2）との秘密会談で「あのときに日本を強くし過ぎた」といったそうですが、中国寄りのキッシンジャーがそのような発言をしたとしても不思議はありません。「やり過ぎた」ということでは、占領政策が好意的過ぎて、日本人が防衛という問題を考えず、「自分の国は自分で守る」という意思が希薄になったという意味で私も賛成です。アーミテージ元国防次官補（注3）から、それこそブーツの譬《たと》えで"*boots on the ground*"（「野球の観客でなくて野球の選手なれ」というフレーズのなかで使われた）といわれるようになってしまった。それはたしかに「行き過ぎた」と言えるでしょう。

もう一つ、私なりの占領政策の批判ですけれども、マッカーサー（注4）は日本人をすべてクリスチャンにしようと考えていました。それに失敗したとき、反動で日本社会が世俗主義に大きく振れてしまった。マッカーサーがやり過ぎたから、反動も強かったのです。戦後の日本では、その世俗主義がひどい影響を及ぼしたと思います。

ここで私が言う「世俗主義」とは宗教的なこと——神のことを考えたり、具体的に神道や仏教を意識すること——を含めた精神文化から目を逸《そ》らし、物質文化ばかりになったことです。「経済発展」「日本株式会社」が社会の中心に位置する文化の種は、占領期にマッカーサーが植えたものです。「日本人がすべてクリスチャンにならなければ経済動物（注5）にしておく」という政策だったのではないかという印象さえあります。

（注1）ヘンリー・キッシンジャー　一九二三年〜。アメリカの国際政治学者。ニクソン政権とその後継のフォード政権で、国家安全保障問題担当大統領補佐官と国務長官を務めた。一九七一年には密かに訪中し、周恩来と会談して米中和解への道筋をつけた。

（注2）周恩来　一八九八年〜一九七六年。中国の政治家。一九四九年の中華人民共和国建国から死去するまで首相を務めた。文化大革命中も失脚せず、「不倒翁」とも呼ばれる。

（注3）リチャード・アーミテージ　一九四五年〜。アメリカの政治家。アナポリス海軍兵学校を卒業し、ベトナム戦争に従軍する。国防省に勤務後、ロナルド・レーガン政権の国防次官補代理、国防次官補を務め、二〇〇一年に誕生したジョージ・ブッシュ政権では国務副長官に就任した。知日派と言われる。

（注4）ダグラス・マッカーサー　一八八〇年〜一九六四年。アメリカの軍人。第二次世界大戦後、連合国軍最高司令官として日本の占領政策を指揮し、一九五一年に離任した。

（注5）経済動物（エコノミックーアニマル）　経済的な利潤追求を第一とする人を批判する言葉。「日本人は経済的利益を追求して利己的だ」と揶揄《やゆ》するときによく使われる。一九六五（昭和四十）年に、パキスタンのブット外相が経済大国の日本を称賛して使ったが、いつの間にかマイナスの意味になったという説もある。

日本と中国の区別がつかないアメリカのエリート

ところで、安倍晋三《あべしんぞう》総理はアメリカとうまくやっていると思います。特に第二次安倍政権はそうで、「アメリカが日本に配慮している」と感じられるケースは少なくありません。ところが、安倍総理が靖國神社を参拝したときは、アメリカ政府が批判的なコメントを発表しました。

アメリカにとって、日本政府の要人が靖國神社を参拝することは少し複雑なものが入ってきます。それでも、オバマ大統領以前の政権はあまり靖國参拝を批判しませんでした。では、なぜオバマ政権は安倍総理の靖國参拝に批判的な意思表示をしたのでしょうか。

オバマ政権には一九六〇年代のラディカルな革新派が入っています。ケネディ駐日大使（注1）もその一人ですが、彼らは主として世俗主義者であり、安倍総理が宗教的な施設に行って公的な振る舞いをすることを、本能的に嫌っているように思います。その代わり、政府関係者が広島に行き出しました。それまでの政権は広島に行かなかった（しかし、なぜ長崎に行かないのでしょうか）。

このように、アメリカにはアメリカの事情があるけれども、現在は相当、日本に対して政治的配慮をし始めているという感じがします。

では、「悪い戦争をした日本を懲《こ》らしめたという考え方がアメリカで変わったのか」と問われると答えが難しい。アメリカはそれほど深く歴史を研究していません。特に東洋の歴史はそうで、ヨーロッパのヒトラーやユダヤ問題は注目されたけれど、日本に関しては「真珠湾攻撃以降は何もわからなくてもいい。攻撃されたのだから、それ以上のことを知る必要はない」という感じで、戦前の複雑な日本の政治史をアメリカ人はわからないままです。五・一五事件（注2）、二・二六事件（注3）があって政治が不安定になったことなど、まったく気にしないし、興味もない。

悪いことに、現在のアメリカでは歴史を含めた文化に関する興味や関心が低下しています。だから、本当に一般的なアメリカ人は日本をよく知らない。ワシントンD.C.で開かれた政治家や高級軍人の会合で、「えっ、日本はデモクラシーですか。あそこは共産主義の国ではないのですか」と言われたことがあります。私が「それはチャイナですよ」と指摘しても、日本と中国という基本的な区別ができない。それは恥ずかしいほどですが、これでもエリートの一人なのです。

東洋についてほとんど興味がなく、知識もないアメリカ人が多いから、在米韓国人と在米中国人の活動家は功を奏します。彼らはアメリカ人を有効に使っています。

（注1）キャロライン・ケネディ　一九五七年〜。第三十五代大統領ジョン・F・ケネディの長女で、二〇一三年から駐日アメリカ大使を務める。二〇一三年十二月に安倍晋三総理が靖國神社を参拝すると、駐日アメリカ大使館が「米国政府は失望している」とコメントしたり、二〇一四年には和歌山県太地町《たいじちょう》のイルカ追い込み漁に「アメリカ政府は反対する」とツイッターに書き込んで話題となった。

（注2）五・一五事件　一九三二（昭和七）年五月十五日に、海軍と陸軍の青年将校などが民間の右翼活動家らと総理大臣官邸や政党本部などを襲い、犬養毅《いぬかいつよし》内閣総理大臣が殺害された事件である。犬養の後継総理は海軍出身の齋藤實《さいとうまこと》になり、政党内閣は戦後になるまでできなかった。

（注3）二・二六事件　一九三六（昭和十一）年二月二十六日に、陸軍の青年将校などが起こしたクーデター未遂事件である。齋藤實内大臣、高橋是清《たかはしこれきよ》大蔵大臣、渡辺錠太郎《わたなべじょうたろう》陸軍教育総監が殺害され、二十九日に鎮圧された。

安倍総理の「七十年談話」は流れを変えた

最近の世論調査の結果を見ると、アメリカ人のほとんどが現在の日本を好きであり、日本文化も日本人も好きです。だから、第二次世界大戦の話よりもいまの世界と日本を話したほうがアメリカ人は聞くと思います。事実、安倍総理が八月十四日に出した七十年談話（注1）のなかで、アメリカ人に一番受けたのは将来に向けての話でした。安倍総理の七十年談話に関してアメリカの新聞の社説を読むと、日本が戦後のレジームを脱することをやっと歓迎しつつあるようです。

これまであまり話されていないことだけれども、七十年談話の裏側にあるのは、戦後七十年間の日本の行動が世界で信頼されるようになっていることです。「安倍総理はナショナリストだから攻撃的で、慰安婦の問題は何も言わない」と批判しようと手ぐすね引いていた人たちの期待は裏切られました。いまは、「安倍晋三は戦後の日本における民主主義的な総理大臣」ということをわかるしかない。それを理解したくなくても認めなければならなくなった。そこまで持っていった七十年談話は立派だと思います。

もっとも、日本には七十年談話を物足りないという人もいるようです。おそらく、安倍総理としては戦争の意味を再構築したかったでしょう。しかし、それをアメリカに向かって言っても効果はないし、日本の国内には敵が多過ぎる。この壁は簡単に乗り越えられないはずで、だからあれが精いっぱいのところだったと思います。

また、中国や韓国に目を向けると、過去の話ばかりしています。彼らは過去に目を向けないと自分たちの政治が危ういから、けんかの道具に歴史を使っているのですが、中国と韓国が別次元の問題を持ち出していることは、最近の事例だけでも世界中が十分にわかっているはずです。日本と中国・韓国は歴史認識問題で押し合いを続けてきました。しかし、中国と韓国はやり過ぎてバランスを崩してしまった。過去だけを見る国と将来を見る国とは分けなければいけません。

七十年談話以後の日米関係について、私は楽観的です。冷静なアメリカ人、特に政府にいる人たちが、「安倍総理は民主的な人であり、日本は信頼できる」と褒めるようになりました。だから、これから日本はやりたいことができるようになるでしょう。

問題は、日本の国民です。国民の選択はどちらに向かうのでしょうか。

先般、「日本の選択は安倍晋三か、小沢一郎《おざわいちろう》か」という論文をジョージタウン大学の"*Journal of International Affairs*"に書きました。ここで小沢の名前を出したのは政治的な実力者ということではなくて、象徴的な意味からです。「安倍」は「東洋に限らない普遍的な日本の価値観」、「小沢」は「いままでの平和主義と東洋を向いた価値観」。その二つの選択肢がいま、国民の前にあります。

小沢が民主党の実力者だったとき、中国の次のトップが習近平《しゅうきんぺい》になると知って、強引に習近平を天皇に会わせました（注2）。「習近平と天皇が握手すれば日中関係は大丈夫だ」と考えたなら、あまりに単純な発想です。たしかに辣腕《らつわん》政治家ではあるでしょう。しかし私から見ると、小沢は政治家というだけでなく、政治的な思想家として非常に危険な人物だと思います。何が危ないか。ISが日本人の首を斬った当時、小沢はテレビで「日本はあまり武力で防衛しないほうがいい」と語りました。それはいままでの平和主義の象徴的な発言だったと思いますが、それだけでなく、「アジアと協力し、イスラム国と戦わない」と言い、ISの立場を反西洋的であるとして、やや認めるニュアンスのことを口にしました。まことに危険な発言です。

なお、「小沢一郎は国際政治が全然わからない人」という見方も聞きます。「田中角《たなかかく》栄《えい》（注3）というドメスティックな政治家の下にいて田中のやったことを踏襲《とうしゅう》するだけであり、日中関係にしても田中を超える戦略的な思考があるわけではない」というのです。これも聞いた話ですが、小沢が日中間で五万人の交流を提唱し、相当な数の人を中国に連れて行ったとき、下水道屋が含まれていた。「これから中国は水洗トイレになる。そのインフラを独占しよう」という目的があったそうです。それは考え方が甘いし、視点があまりにも国内的です。

（注1）七十年談話　正式には「安倍内閣総理大臣談話」で、戦後七十年を迎える二〇一五（平成二十七）年の八月十四日に、安倍晋三総理が閣議決定に基づいて発表した声明である。総理大臣官邸のウエブサイトに全文が掲載されている。

（注2）習近平に対する天皇特例会見　天皇との会見は一カ月前までに申請するという慣

例を破って、二〇〇九（平成二十一）年十二月に来日した中国の習近平（当時、国家副主席）と会見した。そこには小沢一郎民主党幹事長の強い働きかけがあり、政府を動かして特例扱いしたと報道された。

（注3）田中角栄　一九一八（大正七）年～一九九三（平成五）年。一九七二（昭和四十七）年から一九七四（昭和四十九）年まで総理大臣を務めた戦後の政治家。退陣後の一九七六（昭和五十一）年に、航空機売り込みのリベート問題から生じたロッキード事件で受《じゅ》託収賄罪《たくしゅうわいざい》などで逮捕されるが、自民党の最大派閥である田中派の領袖《りょうしゅう》として政界に君臨した。

第4章 アメリカを蝕む病

「個人の欲望ばかり」が蔓延するアメリカ社会

フランクリン・ルーズヴェルト大統領の周辺には、共産主義者がたくさんいました。ルーズヴェルトが死ぬと彼らもフェードアウトしていったから、直接は残っていないけれども、大学に新左翼（*New Left*）（注1）が入ってきた一九六〇年代以後は、フランクリン・ルーズヴェルトの時代よりも社会が左翼的になります。アカデミズムやジャーナリズムが新左翼の牙城《がじょう》になり、文化も政治も左翼的な傾向が強まった結果です。いまのオバマ政権はルーズヴェルトよりも左翼的だと私は見ていますが、彼らがそれほど極端な印象を与えないのは、社会全体が左翼的になっているからです。

アメリカで新左翼が伸張した原因は複雑だけれども、一つはベトナム戦争（注2）でしょう。戦争に反対した人たちは国家を信頼できず、懐疑的に見ていました。これが左翼的な風潮に繋がったと思います。そして、そこに宗教的な問題が絡《から》みます。当時の左翼的な運動は戦争反対だけでなく、「性的自由革命」というものもあった。「欲望を解放することによって人間が自由を得られる。欲望を抑えるのは宗教だ。だから反対する」という理屈です。一九六〇年代に立花隆《たちばなたかし》が書いた『アメリカ性革命報告』は、「人間の生殖器も個性と同じで、千差万別である」という結論なのだそうです。性的な自由を得るというのは、せいぜいそういうレベルなのでしょう。

いずれにしても、「戦争反対」と「教会反対」が一九六〇年代の遺産だと私は捉《とら》えています。それは宗教や自然法というところから遠ざかっていく動きであり、正確な表現をすれば「放縦《ほうじゅう》」でした。

それから、一九六〇年代には麻薬の問題が大きくなり、アメリカ社会に強い影響を与えました。麻薬が体に悪いのはもちろんですが、私が危険と考えるのは精神に与える影響です。麻薬がもたらした最も深刻な問題は、アメリカの一般的な人たちが理性的に考えなくなっていったことでした。「非理性的思考」の傾向は、文化と政治にマイナスに働きます。

ルーズヴェルトの時代は、左翼的な人でも理性的な政治振る舞いをしていました。たとえば、「弱い立場の労働者を守る」というような配慮があった。しかし、いまや理性的な目的がありません。みんなが「自分を快適にしたい」という欲望ばかりを追っている。それがアメリカの一番致命的な問題です。

麻薬と非理性的思考は、ベトナム戦争の頃から深刻さを増しています。当時、戦場に行って死ぬより、大学のキャンパスで麻薬を吸うほうが快適というような論理がありましたが、社会、国家、国民を気にせず、自分の好きなものばかりを追求することが「自由主義」と考える風潮が広がった。そして、いまや政治の世界もジャーナリズムも大学も会社も、そういう自由主義（別の表現をとれば「非理性的な個人主義」）の信奉者がエリートとして第一線に立って、多くの人たちに影響を与えている。たとえば、ジャーナリズムやメディアがテレビ番組などで同性愛「結婚」を前面に出し、一般の人たちに「それはいいことだ」というイメージを植えつけていますが、そういうふうにして文化を変化させているのです。

ベトナム戦争の前と後で大きく変わった象徴的事例が映画でしょう。一九五〇年以前は、ハリウッド（注3）のゴールデンエイジでした。心理的な問題などを深く考えて映画をつくらなければならなかったから、優れた映画が生まれたのです。また、一九三〇年から一九六八年まではヘーズ・コード（正式名は*Motion Picture Production Code*, 全米映画製作基準）というクリスチャン的な基準がアメリカの映画にはありました。それを取り除こうとして世俗的な文化を入れ、暴力や性的なものといった非道徳的なものが一九六八年以降、だいぶ溢れてきた。そうして娯楽化した結果、ハリウッドは堕落してしまったような気がします。

（**注1**）**新左翼**（**New Left**）　一九六〇年代に、欧米などの先進国で起こった急進的な左翼運動と左翼勢力を指す。大学生などの学生や若い労働者が中心となった。アメリカではベトナム反戦運動や公民権運動で新左翼が活動した。

（**注2**）**ベトナム戦争**　フランスの植民地支配が終わったあと、ベトナムは南と北に分裂し、アメリカが支援する南ベトナムと北ベトナムとが戦った戦争のことである。北ベトナムが共産主義陣営、南ベトナムが資本主義陣営に属し、東西冷戦のなかで「熱い戦争」となったが、一九七三年にアメリカ軍が撤退し、一九七六年に北ベトナムによってベトナムは統一された。

（注3）ハリウッド　カリフォルニア州ロサンゼルス市にある映画産業の中心地のことだが、アメリカ映画を「ハリウッド」と呼ぶこともある。一九三〇年代から一九四〇年代がハリウッドの黄金期と言われる。「風と共に去りぬ」「駅馬車」「カサブランカ」などが、この時期につくられた。

アメリカが孤立主義に走ったら世界は……

「アメリカは世界の上澄みのような天才、秀才たちが集まってきている。ソ連が崩壊したときも、ソ連の優秀な人たちがアメリカに行っている。だから、パラダイムの原理をつくることができる。インターネットもマイクロソフトもアップルもアメリカで生まれた。そういうパラダイムを変える発明が日本人にはできない」という人がいました。しかし、最近の移民は優秀な人ばかりではないし、パラダイムの原理となるような発明がないからこそ、日本の社会に安定性があるのではないかと私は思います。

たしかに、アメリカは技術を発展させる力があります。しかし、そのために社会が悪くなったという印象を私は持っています。アメリカがそれほど技術的にリードしていなかった百年前の社会は、ある意味で健康的だったと思います。それに比べて現在のアメリカは、技術面での成功はいいとしても、金持ちは金持ちで固まり、それ以外がバラバラになっている。つまり、社会が破壊されてしまったように感じるのです。これは性的に非道徳的な行動や離婚といったくだらない問題で、最高裁判所は忙しい。これはアメリカの社会問題がきわめて深刻であることの一端を物語っています。

また、「アメリカの技術力の根には軍事技術の底深さがある」という指摘を耳にしました。たしかに、そういうこともあったでしょう。しかし現在はどうなのかと、首を傾《かし》げたくなります。アメリカはヨーロッパよりキリスト教の強い国です。その意味では反共的だった。でも、いまのアメリカ人は教会から遠ざかり、共産主義のほうが望ましくなっていると思えて仕方ありません。それは軍事的な技術と工業にも影響を与えるでしょう。

正直に言って、これからのアメリカは軍事的な大国ではなくなるだろうと思います。つまり、中国やロシアがアメリカを上回るぐらいの軍事力を持つ可能性はある。でも、アメリカ人はそのことを認めません。現実があまりわかっていないのです。日本は小さな国だから、生き延びるための技術として冷静に世界を見ています。しかし、「アメリカ人は広いアメリカ大陸の真ん中で麻薬や酒で酔っぱらい、世界のことを気にしていない」と譬《たと》えてもいいでしょう。

だから、アメリカ政府にしても最初は中国を甘く見て、「私たちがいい生活ができるように商売する」としか考えなかった。ロシアに対しては冷戦が終わったと思っているから、「プーチンが何をやっているのか」という程度です。ロシア問題はもっぱらヨーロッパの問題ですが、歴史が繰り返すのではないかと私は危惧《きぐ》します。つまり、第一次世界大戦と同じようなヨーロッパの戦争が起こるかもしれない。一方で、アジアでも戦争が起こる危険性があります。アメリカが再び孤立主義に陥《おちい》れば、それらは現実のものとなるでしょう。それはアメリカで起きた道徳的、社会的、宗教的な破綻《はたん》が世界に及ぼす影響だと思います。

アメリカにはいろいろな国から移民が入ってきて「新しいアメリカ人」が生まれていますが、彼らがアメリカの大多数の人たちより道徳的な生活を送ろうとしても裏切られるのがオチです。特に黒人がそういう目に遭いました。黒人は白人より教会に行く人が多いのですが、黒人の住む地域は麻薬や暴力が一番酷い。逆説的です。

アメリカの社会問題が黒人の住む地域で酷くなったのは、一九六〇年代からです。その前はそれほど酷くはなかった。もちろん貧困の問題はあったけれども、麻薬、高い離婚率はほとんど存在しませんでした。

いまはラテン系の人たちがアメリカで増えています。彼らは宗教に対して白人より真面目に取り組んでいるけれど、これから同化していくと教会に行かなくなるかもしれません。

オバマ政権で貧困問題と人種問題が悪化した

アメリカ社会の貧富の格差は、正直に言って酷いものです。ワシントンD.C.には私が行かないエリアがありますが、どの都会でも「行ってはならない場所」がたくさんあります。

それは黒人が住む地域だけではなく、白人のプアホワイト層が住む地域も該当します。私の次男は「バージニア州（注１）の田舎町に住みたい」といつも言っています。カントリーミュージックを聞きながら、大きなトラックを運転する。彼はそういう生活を理想としている。その話を聞くたびに、「バージニアの田舎に行っても、ほとんどの健全な生活が破壊されているよ」と私は忠告します。たとえば、バージニア州の田舎町では多くの家庭が離婚を経験し、刑務所に入れられた白人も少なくありません。子供たちは *methylphenethylamine* という薬に耽《ふけ》り、暴力が日常茶飯事《にちじょうさはんじ》だから、学校は手がつけられない有り様です。

これはバージニア州だけでなく、どの州でもそうです。昔は、都会を逃れて小さな町で健全な社会をつくった。いま、そういう健全な逃げる場所はなくなりました。田舎の小さな町は、十二歳の女性が子供を産むというようなところになってしまっています。もはや、「大草原の小さな家」（注２）はアメリカに見当たりません。「よきアメリカ」は過去のものになったのです。

それは相当、深刻であり、田舎の小さな町に行くと酷い目に遭うから、中流以上の人は大都会の郊外に住むしかない。「貧困に苦しむ人」というと、日本人は黒人をイメージするかもしれませんが、圧倒的に多いのは白人です。田舎の小さな町は、特にそういう傾向があります。「黒人が貧しく、白人が金持ち」というようなイメージは間違っています。大学を卒業して弁護士や医者などのプロフェッショナルな職業につき、成功した黒人たちは私たちと同じで、都会の郊外に住みます。

貧富の格差は中国のほうが酷いけれど、ニュースを見ると、アメリカでも暴動は毎日のように起こっています。とりわけ、一九九〇年から二〇〇〇年にかけて酷くなったようです。暴動が起こらないのは理性的な社会だとすると、アメリカで暴動が頻発するのは麻薬に耽っているからだと私は考えています。

麻薬を吸って貧しい暮らしをするのは、その人の選択かもしれません。しかし、麻薬を買うお金がなくなれば、どこかで強盗でもして調達するでしょう。これは社会にとって害というより他にない。ミズーリ州で黒人が警察官に撃たれて大事件になりましたが、たぶん彼は麻薬を買うため、その直前に強盗をした。だから警察がやってきたとき、逃げようとして撃たれたと思われます。

「麻薬とお金」の問題は貧困層に限りません。金持ちでも全部使ってしまって貧乏になります。ハリウッドの大金持ちであれば余裕があるかもしれないけれども、普通の会社の重役がコカインをやれば、資産を失うのは目に見えています。そうなったら犯罪に手を出すでしょう。つまり、麻薬は社会を崩壊させるのです。これをどういうふうに修正するか、みんなが悩んでいます。

日本では、貧困層を救おうとしてオバマ大統領が出てきたと思われているようです。しかし、オバマ政権になってから貧困問題が悪化し、暴動が頻繁に生じています。黒人が警察に殺される事件がよく報道されますが、抗議のデモが暴動化するという現象が繰り返される。実は、オバマ政権下のアメリカでは人種問題も酷くなっているのです。「最初の黒人の大統領だから人種問題が解決するのではないか」とみんなが期待したけれど、そうではなかった。これも逆説です。

このようなアメリカから日本に来て、私は本当に安心して暮らしています。日本にいろいろな問題があるとしても、まだかなり健康的な社会です。健康的だけれど、日本も気を緩めればすぐに危機的状況になるでしょう。たとえば、日本国内に国家の借金が二千兆円もある。それでも日本はアメリカよりましです。アメリカは他国からの借金ですが、日本は自国内での借金です。

実は、州や市などの財政状態も決してよくはありません。たとえば、一つの国と言える規模のカリフォルニア州の負債、いわゆる負債の壁（*Wall of Debt*）は、日本円で十九兆円以上と言われ、実質的には破産しているようです。

他にも、いくつかの州が経済的苦境に陥っています。どうしてそうなったのか。産業政策に問題があったのはもちろんですが、私の見方では、教育や社会保障にお金を使い過ぎたことが大きな原因です。カリフォルニアがその典型で、五十歳ぐらいで引退すると十万ドルぐらいの年金をもらいます。アメリカも長寿の時代に入っているので、年金を出す側の負担が大変です。アメリカのことが私は心配です。

（**注1**）**バージニア州**　アメリカの東海岸南部に位置し、独立戦争でイギリスから独立した十三州の一つである。二〇一〇年の調査では、白人が六〇%を越える。

（**注2**）「**大草原の小さな家**」　西部開拓時代を舞台にしたテレビドラマ。アメリカでは一

九七四年から一九八二年、日本ではＮＨＫが一九七五年から一九八二年にかけて放送した。

オバマ大統領を批判したくないアメリカのメディア

アメリカのジャーナリズムでＦＯＸニュースはかなり中道的だけれども、それ以外のニュースメディアは大学と同じように左翼的な世代が支配しています。人を雇うときにも、雇用契約を更新するときも、左翼的な思想をベースに行なわれる。だから、アメリカのメディアはソ連のプラウダみたいなものです。私はアメリカのメディアが信頼できません。

また、アメリカのメディアは理想論を唱えないと売る価値がないと思っている面もあります。つまり、批判的なことを言わないとメディアは自分の義務を果たしていないという感じです。

いま、私のいる国際日本文化研究所はあまり外国のテレビ番組と契約していないのですが、ABCイブニングニュースは毎日、十分ぐらい見ることができます。おもしろいのは、天候に関するニュースが多いことです。冬は「大吹雪があった。大変だ」。夏になると「西部で火事がたくさんあり、危険です」「中西部のほうは大水がありました」。大雪も山火事も洪水も、毎年、どこかで必ず起こることで、本来ならそれほどのニュースではない。でも、そういうことに時間を割《さ》いています。

なぜ、気象に関するニュースが多いのか。オバマ政権を批判したくないからでしょう。オバマ大統領に関することを報道すれば、ジャーナリストの義務として批判しなければならない。だから話題を変えるのです。オバマを批判したくない理由は、オバマが左翼的な政治思想の持ち主だと思っているからです。

今朝、私が見たABCニュースは国際的な問題に何も触れず、オバマ政権のことと政治の問題、西海岸の火事、中西部の大水、それから共和党の大統領候補に名乗りを上げているドナルド・トランプ（注1）の話題を伝えていました。メディアからすれば、トランプは批判しやすいのです。といっても、彼が右翼的というわけではありません。左翼的な面もあります。それでも批判しやすいのは、彼の発言がエンターテインメントだからです。芸能人のように刺激的なことをすぐに言う。メディアはこういうものが好きです。

いまの大衆が彼を歓迎する理由も似ています。ドナルド・トランプは、ビートたけしのように本音を言うから受けるのです。

この前のディベートで、ＦＯＸニュースのメギン・ケリーがフェミニストの立場に立って彼を攻めました。ほとんどの政治家は、フェミニズムを批判する勇気がない。ところが、彼は「どうでもいい」と反フェミニスト的な発言をしました。しかも、食ってかかったメギン・ケリーの目が血走っていたと言ったら、それが女性の生理を批判したという解釈が出てきました。

人気があるかどうかは別にして、判断力ということを考えれば、ドナルド・トランプは政治家になれないと思います。アメリカの大統領は核兵器のボタンを押すかどうか、判断しなければいけない。彼の指はちょっと危険です。

（注１）ドナルド・トランプ　一九四六年～。アメリカの実業家で、不動産王として知ら

れる。二〇一一年に、バラク・オバマ大統領の出生を問題にして「ケニア生まれのオバマに大統領の資格はあるのか」と発言するなど、世間に話題を提供することが少なくない。二〇一六年一月現在、共和党の大統領候補として支持率はトップである。

リベラルなメディアはヒラリー・クリントンを勝たせたい

アメリカの大統領選挙に関して、私は悲観的です。いまのところ、ドナルド・トランプはジョージ・ブッシュの弟のジェブ・ブッシュ（注1）を抜いて人気が高いけれども、その人気はメディアのつくりものです。

どういうことかと言うと、左寄りのリベラルなメディアはヒラリー・クリントン（注2）を応援しているのです。だから、トランプの人気を煽っている。つまり、彼は極端過ぎるから、もし共和党の候補になれば必ずヒラリーが勝つ。共和党の候補になれなければ、自分のお金で大統領選挙に出馬する。そうなったら保守票が分かれてしまいます。どちらに転んでも、ヒラリーの勝ちです。つまり、ヒラリー・クリントンに勝たせるためのメディアの仕掛けだと私は見ています。

おそらく、ドナルド・トランプは共和党の大統領候補に選ばれないでしょう。そのときに、彼は共和党を出て立候補することが予想されています。この前のディベートで、司会者が「共和党の指名を受けられなかったときに独立するような行動をしないと約束する人はいますか」と質問したら、彼だけが「約束しません」と答えました。彼はお金が十分あるから、単独での立候補が可能です。アメリカの保守的な人たちがいま、一番心配しているのは、彼が自分の党をつくって出馬することです。

アメリカの大統領選は、お金を持っている人のほうが勝つと言われます。ドナルド・トランプとジェブ・ブッシュはどちらもお金を持っています。この勝負がどうなるかはわかりません。ただ一つ言えることは、「ブッシュは政治家だが、トランプはどう見ても政治家ではない」ということです。

また、ヒラリー・クリントンが大統領になってオバマ政権に近い基本路線を取ったら、アメリカはますます内向きの外交になっていくでしょう。それもまた、私にとって気がかりな問題です。

(注1)ジェブ・ブッシュ　一九五三年〜。アメリカの政治家。フロリダ州知事を務めた。父は第四十一代大統領のジョージ・H・W・ブッシュ、兄は第四十三代大統領のジョージ・W・ブッシュである。二〇一六年の大統領選挙の共和党候補選に出馬している。

(注2)ヒラリー・クリントン　一九四七年〜。アメリカの政治家。第四十二代大統領ビル・クリントンの妻で、二〇〇一年から二〇〇九年まで上院議員を務めた。二〇〇八年の大統領選挙に出馬して敗れるが、二〇〇九年にオバマ大統領の下で国務長官となった。二〇一六年の大統領選挙の民主党候補選に出馬している。

フェミニズムにどんな害があるのか

安倍総理の七十年談話でも触れられている「女性の地位の向上」は、世界的に議論されている問題です。

これまで、「日本は男尊女卑《だんそんじょひ》で封建的だ」とアメリカ人は盛んに言ってきました。戦前はたしかに選挙権の有無などの問題もあったけれども、いまは解消されています。それどころか、日本の家庭は妻が財布の紐を握っているところが少なくない（日本人ではないけれども、私の家庭も妻が財布の紐を握り、〝大蔵省〟の異名があります）。お金を握っている人は一番強いわけで、その点で言えば日本社会は決して女卑ではなかった。一方の欧米は、フェミニズムの主張として男女平等を言わざるを得ないくらい男尊女卑が強かった。結局、「日本は男尊女卑だ。封建的だ」というアメリカ人の主張は誤解に基づいていると言っていいでしょう。

ただそれとは別に、「フェミニズムが思想として、どこから来てどういうことをやろうとしているのか」という基本的な考え方を日本人も知っておく必要があると思います。

まず、フェミニズムの基本は「平等」です。ただし、最も先端的なところに立つから、主張されるのは「極端すぎる平等」です。男性と女性のあり方は、日本文化のなかできちんと分けられています。たとえば、言語的には「わたし」と「俺」とを使い分け、それが「女性と男性は平等ではない」という結論にならない。でも、フェミニズムでは「平等ではない」のです。

しかも、フェミニズムは将来の社会の種を育てる場である家庭を革命の場にして、主張する極端な変化を実現させようとします。その結果、小さな子供たちが害されてしまいますが、フェミニズムは子供のことを考えません。放縦な個人主義で「私のことだけ」を考えている。当然ですが、その活動は社会に悪い影響を及ぼします。それゆえに危険なのです。

英語で「*collateral damage*」(二次的な被害)という表現があります。たとえば、戦場で私がAを狙って銃を撃ったら近くにいたBに当たった。Bを撃つつもりはなかったけれどBが撃たれてしまった。これが「*collateral damage*」です。

日本はフェミニズムの「*collateral damage*」だと思います。フェミニズムは西洋から出てきましたが、西洋の文化のなかで教会がフェミニズムのもともとの敵でした。教会がなぜフェミニズムの敵なのか。たとえば、カトリック教会は女性が司祭になれません。男性と女性は同じではないのです。現在もその点では批判されています。

日本はこのカトリック教会のことではほとんど関係ありません。でもそれが世界的な動きになって、日本の家庭にも被害を及ぼしています。

左翼もナチスも「自然」を敵にして戦った

問題は、人間が本来、同じではないことです。これは性別に留まらず、階級や人種にも通じるところがあります。だから、「同じではないことは平等ではない」ということが「差別」として追及されるという流れが大きくなっています。

そこで問われるべきは、「差別とは何か」ということです。人間は差別するものです。差別しなければ人間は行動できません。ただ、「不正な差別」ということがあります。そして、「何が不正な差別か」は道徳的なことになります。

ところが、フェミニズムはさらに平等――というより「同等」を求めます。それは「完全同等」とでも表現すべきものです。では、男が子供を産むことができるか。できません。したがって、完全に同じではない。そこで「肉体の構造が差別されている。これも同じにしよう」というのがフェミニズムです。手術で男が女の体になり、女が男の体になる。それは神の摂理に反するのですが、別の見方をすれば「近代主義的な発明」と言えるでしょう。

男の体に生まれたら男、女の体に生まれたら女というのは自然なことです。この「自然」というものは近代主義の敵です。

二十年前に来日したとき、昭和前期の「新興科学の旗のもとに」という雑誌を研究しました。それは戸坂潤《とさかじゅん》（注1）や三木清《みききよし》（注2）とその周辺の人たちがかかわっていました。「新興科学」とは、英語で言えば「ニューサイエンス」という言葉の日本語訳であり、ドイツのマルクス主義雑誌からとっています。雑誌名は“*Unter dem Banner des Marxismus*”だと思うけれど、「新興科学」（ニューサイエンス）とは要するに社会科学のことです。マルキストの近代主義者は「社会科学において自然は敵だ」と認識し、自然科学を社会科学に置き換えようとしていました。

このような近代主義と逆の現象が、日本の文化のなかに存在します。つまり、日本では「自然に任せること」が善とされます。だから、大災害に見舞われても「しょうがない」といって諦めるわけです。それは日本の良さだと私は思いますが、左翼的な日本の新興科学者の三木清や戸坂潤たちは、自然を敵とする思想に与《くみ》しました。

日本のマルキストは、一九二〇年代にだんだんナチスに近づいていきます。ナチスは「国家社会主義ドイツ労働党」の略称であり、保守的といっても、より将来的なものを志向した。その意味で近代主義的だ、と私は理解しています。

ナチスドイツは「統一をつくろう」とする意図がありました。「自然のままでけっこう」という日本人はなりゆきに任せるという感じで、多様性、多文化的なものが入ってきます。しかし、ナチスの考え方は自然を無視して社会的統一を強制的につくろうとした。あれは近代主義で「自然」と戦っていたのです。ナチスに関してヒトラー個人だけを批判するばかりでいると、そこの部分が見えなくなります。

これはレーニンやスターリン、毛沢東《もうたくとう》にも当てはまります。ヒトラーばかりでなく、彼らも自然を無視して強制的に社会的な統一をつくろうとしました。左翼の思想は「自然」と戦う近代主義の考え方なのです。

（注1）戸坂潤　一九〇〇（明治三十三）年～一九四五（昭和二十）年。戦前、戦中の哲

学者。京都帝国大学文学部で西田幾多郎《にしだきたろう》に師事し、卒業後は神戸商科大学講師などを経て、法政大学教授となる。唯物論研究会の創設にかかわり、唯物論哲学の立場から観念論哲学を批判した。治安維持法で逮捕され、長野刑務所で獄死した。

（注2）三木清　一八九七（明治三十）年～一九四五（昭和二十）年。戦前、戦中の哲学者。京都帝国大学で西田幾多郎に師事し、卒業後は大谷《おおたに》大学、龍谷《りゅうこく》大学で教鞭《きょうべん》を執った。羽仁五郎《はにごろう》たちと『新興科学の旗のもとに』を創刊し、執筆活動で活躍する。治安維持法違反で拘留《こうりゅう》され、豊多摩《とよたま》刑務所で獄死した。

「悪を取り除ける」と信じる共産主義と進歩主義の思い上がり

アメリカ人の私は、「広島と長崎への原爆投下をアメリカ人はどう考えているか」と質問されることがあります。それぞれの意見があるけれど、圧倒的に多いのは「戦争を終わらせるために必要だった」と考える人でしょう。

ただ、同じぐらいの人が死んでしまったドレスデン爆撃（注1）や東京空襲（注2）

と、実質的には変わりがないと私は考えます。通常爆弾でも悲惨は悲惨なのです。原爆だから悪かったというのは、東京空襲を忘れているか、偏った見方に陥っているかのどちらかでしょう。

文明国であれば、戦争にもルールがあり、広島、長崎を含めて民間人を無差別に爆撃したことは戦争犯罪です。去年の寺田真理記念日本研究賞を受けたときにも聞かれたのですが、「広島と長崎の原爆は人間の尊厳を害する戦争犯罪だった」と私は答えました。しかし、正義戦争という思想を認めなければ、私の答えは分からないと思います。

もちろん、核兵器禁止の動きが世界に広がっていったらいいと私は思います。しかし、これはそう簡単なことではありません。

「核兵器をミサイルに積んで大陸間を飛ばす時代ではなくなっている。極小化が進んで、公園一つ分を破壊する核兵器もある。これが進めばドローンで落とすことができる時代になるだろう」という見方があります。二〇一五年に総理大臣官邸上空でドローンを飛ばした人がいましたが、ドローンが使えるとすれば小さな核兵器の効果は大きくなることが予想されます。そのとき、小国でも核兵器を使うことができるかもしれない。それどころか、テロリスト集団が核兵器を使うことだって可能になる、と考えなければなりません。

では、私たちは核とどう向き合えばいいのか。長崎の被爆者だった永井隆《ながいたかし》（注3）が書いた本を読んで、そのヒントに出会いました。永井は放射線医学者で、原爆を科学的に理解していました。頭もよく、勇気があった立派な人だったと思います。

その永井が死ぬ前に、自分の子供に対して「核より人間が怖い。それが大事だ」と書き送っています。核兵器が通常兵器以上に危険で怖いとしても、原子力発電は人の生活を豊かにするという効果もあり、核をコントロールすることこそが重要です。そこで問題なのは、永井が言ったように「人間の悪」です。

保守的な思想では、「悪はいつもあるのだ」と考えます。ところが、進歩主義や共産主義の人たちには「悪は取り除ける」という思い上がりがある。進歩主義や共産主義を善と信じている人は大勢いて、その主張は綺麗です。しかし、人間はどんなに成長しても「綺麗事」を実現できるものではないのです。それが人間の本性です。あまり理想に耽ると、悲惨なことになります。

歴史上に「悪は取り除けない」という事例はいくらでもあります。共産党の人たちが、最も女性に酷い扱いをしました。ソ連でもドイツでも日本でもそうです。ところが、みんな「人間を解放する」と謳《うた》っていた。現在の共産主義や進歩主義を信奉する人たちは、「自分たちは違う」と思っているのでしょうか。

（注1）ドレスデン爆撃　一九四五年二月に、イギリス空軍とアメリカ空軍がドイツの都市ドレスデンに行なった無差別爆撃のことである。これによってドレスデンの八五％が破壊され、二万五千人から十五万人の市民が亡くなったとされる。

（注2）東京大空襲　一九四五年三月に、アメリカが行なった戦略爆撃である。東京の下町を中心に焼夷弾《しょういだん》の絨緞《じゅうたん》爆撃が実行され、死者は約十万人に及んだと言われる。

（注3）永井隆　一九〇八（明治四十一）年〜一九五一（昭和二十六）年。日本の医師で敬虔《けいけん》なカトリック信徒。長崎医科大学（現在の長崎大学医学部）に進み、放射線医学を専攻、一九四〇（昭和十五）年に同大学助教授・物理的療法科部長に就任する。長崎に原爆

が落とされたときは長崎医科大学で被爆したが、被爆者の救護にあたる。『長崎の鐘』などの著書がある。

第5章

日本の長所と弱点

真実より気持ちが大事な日本人

日本人は無宗教だと言われます。多くの日本人は菩提寺《ぼだいじ》を持っているけれども、普段、お経を唱えたりはしない。宗教行事としては葬式と墓参りぐらいだと聞きました。でも、日本人ほど神と関係のある民族はないと私は思います。

一方、キリスト教を信じる欧米人は信仰心の厚い人たちだというのが、日本での一般的な認識のようです。といっても、日曜に教会へ行くということぐらいしか日本人にはわからない。

そこで、「欧米人の宗教心の実態とは何か」と訊かれることがあります。その質問に、私は十分に答えられません。田中耕太郎《たなかこうたろう》のように、カトリックとプロテスタントの両方をわかっていないからです。私がわかるのはカトリックです。そこで、キリスト教のなかのカトリックに限定してお話ししましょう。

カトリックは日本の土着宗教心とは違います。いま、「日本の土着宗教心」と言いましたが、西洋にも土着宗教はありました。キリスト教が入る前のアイルランド、ギリシャ、ドイツなどにも、日本人と同じような宗教心があったのではないかと思います。そういった土着宗教とキリスト教の違いは、キリスト教が「真実」を軸にすることです。

日本人は、たぶん真実よりも気持ちが重要だと思います。山、湖、海、川に行って、「私たちを守ってくれる神様がいる」という感覚を抱く日本人は多いそうです。要するに、「ここはきれい」「ここは印象的だ」と感じたらワーッと心が揺さぶられ、そこに神がいると思う。それは田中耕太郎の言葉を借りていうと感傷主義的です。

カトリックはそうではありません。教会に行くと、聖歌が音楽として酷いことは多いし、説教が間違っていて怒りたくなることも多い。いつも妻から「楽しくないのに、なぜ教会に行くのですか」と訊かれます。私の答えは「教会が楽しかったら行かない」です。信仰にエンターテインメントはいりません。真実が繋がっているから、私は教会に行くのです。

では、なぜそれほどまでに真実が大事なのか。常に私の経験や感覚が正しいと限らないからです。普遍的な真実を基にして理性で考えることで道が開ける。だから、苦しいことや違和感にぶつかったとき、「真実が教会にあるかもしれない」という可能性を信じて私は教会に行きます。

宗教改革（注１）以前、欧米の宗教心はほとんどがカトリックでした。宗教改革以後は、特に十七世紀頃から西洋文化のなかで理性より経験が大事にされるようになります。いまではカトリックのなかにも、「理性より経験のほうが大事だ」という人たちもいる。私はそういう人たちとあまり話が通じません。

いずれにしても、カトリックと日本の宗教心の違いは、真実を基にする宗教と経験を基にする美意識の違いと言えるのではないかと思います。

（**注１**）**宗教改革**　十六世紀のヨーロッパで起こったカトリック教会に対する革新運動である。免罪符の販売などを批判するマルティン・ルターの「九十五カ条の意見書」がきっかけとなり、聖職者に不満を持つ人々がプロテスタントとなっていった。

天皇を尊敬したカトリック信者

作家の横光利一《よこみつりいち》（注1）が書いた『旅愁』だったと記憶していますが、フランスに行った彼の印象が主人公を通して書かれていました。横光は、フランスで中世に建てられたカトリック教会に入り、十字架を見た。十字架の上に血まみれの体がある。それを彼は「汚い」と感じ、神とは思わなかった。

カトリックの捉《とら》え方は逆です。「十字架にかけられたキリストは神の子である。あなたは神ではないから、汚いことが悪いことと思うのだ」。そういう深い意味が、十字架にかけられたキリスト像に込められています。

自分が完璧だという感傷主義的考え方を乗り越えるには、理性を使うしかない。真実のことか、ただ感傷したことかを区別できるのは人間の理性だけです。それを田中耕太郎はできました。だから、私は彼を尊敬します。

余談になりますが、田中耕太郎の名前を最初に耳にしたのは十年ほど前で、半澤孝《はんざわたか》麿《まろ》（注2）の本を読み、「この人はおもしろい」と思いました。田中は「民族」という概念について、「人種から発展したが、成熟すると人種からも国家からも独立した」という視点を持っていた。そして、民族という概念を全面的に否定しなかったが、共産主義者やナチスが民族主義を政治的道具とする考えも否定して、穏健で中道的な立場をとった。また、「国際法」（田中は「世界法」と呼んでいます）における民族「*nation*」の認識に関しても取り組みました。私は以前から国際法に興味があったので、田中耕太郎を研究の対象に加えた。そして、彼の著作を読めば読むほど、深い考え方ができた人だとわかり、感心しました。

さらに話が脇道に逸《そ》れますが、田中耕太郎はカトリックをテーマにして、天皇と皇室の方々に講義をしたことがありました。その彼が天皇について書いた論文が、昭和二十四年に出版された『天皇の印象』（創元社）という本のなかに収録されています。紹介するのはカトリックと関係ない部分だけれど、彼がとても天皇を尊敬していたことがわかります。

「日本に天皇制がなかったとすれば、五・一五や二・二六のような暗殺や反乱は政治上の日常茶飯事《にちじょうさはんじ》となり、革命は反復せられ、独裁制と無政府状態とは頻々《ひんぴん》と交代し、国民は塗炭《とたん》の苦しみに悩んでいたであろう。敗戦後における今日といえども、もし占領の事実を度外視して考えるなら、これと同じ結論を認めざるを得ない。まことに天皇制は日本国家の支柱である。それは日本の国民性にもっとも適合するとともに、その欠点の故にもっとも必要とせられるのである。そして我が国民はかような今上《きんじょう》陛下を天皇として持つこと、および陛下が、この国家的危機に際して、ご健在にいますことを国家のために心から慶賀せざるを得ないのである」

これは敬虔《けいけん》なカトリック信者が書いたものであり、神道《しんとう》信者でない人も天皇を尊敬したわけです。立派だと思います。

宗教に関してつけ加えておきたいのは、神の概念はともかくとして、「絶対者」を勝手にいじるのはよくありません。この世には、世俗主義の意味での絶対者はない。その代わりに、あの世には絶対者がいる。しかもあの世に絶対者がいれば、この世に必ずいつか出てくる。それが「キリスト(救世主)」の意味です。そこのバランス感覚が重要です。

その意味では、丸山眞男《まるやままさお》（注3）の天皇制批判は違っていると思います。彼は自由主義者として、「この世で天皇がトップに君臨する立場をとっていたから、私たちには自由がなかった」と考えた。その論理を延長すれば、「天皇がいなければ、われわれは自由になれる」。それは自由主義者の論理ですが、丸山は「あの世にも絶対者がいない」と考える完全無神論者です。つまり、「あの世でもこの世でも、絶対者はいないほうがいい」。そこが論理の間違っているところであり、この世に絶対者がなければ、あの世には必要なのです。それが丸山にはわからなかったようです。

（**注1**）**横光利一**　一八九八（明治三十一）年〜一九四七（昭和二十二）年。大正から昭和にかけて活躍した小説家、評論家。川端康成《かわばたやすなり》などとともに新感覚派として脚光を浴び、一時は志賀直哉《しがなおや》と並んで「小説の神様」とも称された。『旅愁』は一九三六（昭和十一）年から翌年にかけて、渡欧した経験を踏まえた書かれた小説である。

（**注2**）**半澤孝麿**　一九三三（昭和八）年〜。日本の政治学者で、東京都立大学名誉教授。東京大学法学部を卒業し、東京都立大学教授、和洋女子大学教授を務めた。エドマン

ド・バークなどのイギリス政治思想の研究者である。
（注3）丸山眞男　一九一四（大正三）年〜一九九六（平成八）年。日本の政治思想史学者で、東京大学名誉教授。六〇年安保闘争を支持するなど、戦後の日本で代表的な進歩派知識人だった。代表的な著書に『日本の思想』などがある。

日本人の道徳を意識して伝えなければならない時代

西洋人は、日本の道徳性に興味があります。中国は儒教などの道徳がいろいろあるし、韓国は宗教に入信する人がたくさんいます。ところが、日本だけは以前から、宗教という形式的な思想がなくても心を保つことができた。それが不思議なのです。

「元寇《げんこう》は別にしても、他国から侵略を受けないで二千年間、この地で続いてきて、一つの社会としてまとまっている。ある意味では、最適な社会を長い年月をかけて、みんながつくり上げてきた。だから、自然の道徳が世代を超えて伝わっていくのではないか」

このような解説を聞いたことがありますが、たしかに二千年もの間、一つにまとまって続いたという国は、世界のなかでほとんど例がないだろうと思います。

では、日本人の道徳は何をもとにしているのでしょうか。十六世紀に来日した宣教師のフランシスコ・ザビエル（注１）は、「世界中で日本人ほど正しい生活をしている人間はいなかった」と言っています。日本人は侍から商人まで、「潔さ」「嘘をつかない」「人に恥じない行為」などの道徳を身につけていた。親から教わったり、家庭で躾《しつけ》がなされるということがかかわっていると思いますが、その根源となるものは何か。カトリック教徒の私は、この点に大きな関心を抱きました。

ある日本人に質問してみたところ、「日本人は自分を見ている目というものを意識している感じがする」とおっしゃった。では、「自分を見ている目への意識」は自然に湧き上がるのか、教育されて生じるのか。この再度の質問に、「儒教的な要素が多いのではないか。天知る、地知る、君知る、われ知る、という四知《しち》の教えというものがある。自分の行ないを四つの目が見ている」とその方は答えました。

でも、日本が儒教を導入する以前から、その意識は日本人にあったのではないかと私は感じます。また、儒教が強い国、たとえば韓国では、日本人ほどそういう感覚はない。このことを尋ねると、「儒教という窮屈な教えを輸入するとき、日本人は自分流に当てはめた。それがうまくフィットしたのだろう」とその方は指摘しました。別の言い方をすれば、「日本的に儒教を引き受けた」というわけです。この説明に、私は納得しました。

明治維新以後、近代化の強いショックを乗り越え、昔からの道徳を何らかの形で持続した。これは奇跡と言ってもいい。ただ、これまで日本は道徳を形式的に伝えていなかったとしても、それが今後も続けられるのかどうか。教会という制度がなく、学校ではそういう修身的な教育ができない日本で、次の世代にそれをどう伝えるかが問題だと私は思います。

このような問題意識を持ったのは、日本の文化がアメリカの文化に強く影響され、最近は道徳性が薄くなっていて世俗主義な生き方が蔓延《まんえん》しているように感じるからです。アメリカと同様に、若い父母があまり道徳的なことを意識して伝えないとしたら日本の将来はどうなるのか、と不安を覚えます。

（注１）フランシスコ・ザビエル　一五〇六年～一五五二年。カトリック教会の宣教師としてアジア地域に派遣され、日本に初めてキリスト教を伝えた。イグナチオ・デ・ロヨラとともにイエズス会を創設した一人でもある。

日本の弱点は理性的、論理的に考えないところにある

日本の弱点はほとんどないと思うけれども、強《し》いて言えば、宗教心の話で指摘した「経験を第一とする感傷主義」です。

先日、桂川《かつらがわ》のそばでお盆の灯籠流《とうろうなが》しを見ていたときに、日本人の感傷主義をあらためて意識しました。日が暮れぬうちから人が集まり、何時間も待つ人もいました。陽が落ちて暗い川面《かわも》に灯籠が流れてくる。たぶん、手を合わせて祈る人もいたでしょう。美しい光景を経験して、ありがたい気持ちになる。それは悪いことではないけれど、「あの家は綺麗」「彼女の髪の毛とドレスは綺麗」というのと同じで、「ああ、綺麗だ」

という感動はすぐに過ぎてしまう。そういう感傷主義的な宗教心が「わざわざ教会にいって祈る」という宗教心と大きく異なるのは、「あなたが祈っている神とは何か」という基本的な問題においてで、日本人は基本的な意味や構造を理性的に捉えない。そこに思考の弱点が生じます。要するに、日本人は非常に感覚的で、論理的に深く考える態度があまり見られないということです。

「教会の聖歌が聞きづらい」「説教がおもしろくない」といった経験のなかで、頑張って続けることが理性の力を育《はぐく》みます。日本人は振る舞いにおいて辛抱性があり、頑張りますが、理性を働かせる論理的な思考においてはあまり頑張りません。思想的な面で「これは見苦しい」という理由から退けずに、「これはどういう意味か」を考える。気持ち、感性ばかりでなく、理性を使って理解するということに日本人は弱いのではないかと思います。

もちろん、すべての日本人が論理的な思考をできないわけではありません。私は田中耕太郎を研究していて、それは確信しています。しかし、論理的に考えない人が多い。以心伝心《いしんでんしん》で言わなくてもわかったり、腹芸《はらげい》というやり取りが通用する。日本の文化、日本の社会が感覚的であるせいでしょう。

いま、政治の世界で大きなテーマになっている安全保障の議論にも、日本人の弱点は表れています。

これから日本社会は変化する必要がある、と私は思います。それは「もう少し自衛の責任をとる」ということです。しかし、そのことに反対する声が上がります。

なぜ、自衛の責任をとることに反対するのか。ほとんどの日本人は、「あれはおもしろくない」「戦場に行くのはいやだ」「軍人になるのはあまり格好よくない」「生活が楽しくない」「おいしいものが毎日食べられない」というような感覚的な思考から、あまり自国の防衛に積極的にならないのではないでしょうか。

六〇年安保で騒いだ人たちが後年、京都大学教授で哲学者の田中美知太郎《たなかみちたろう》（注１）と会って雑談したときに、「安保闘争というのは、安保ばか騒ぎだったね」と言われてがっかりしたそうです。六〇年安保の騒動は終戦の混乱が尾を引いていて、日本人が「もう戦争はいやだ」という気持ちが強く、朝鮮戦争の影響で「時代が戦争へ向かうのか」と思ったからでしょう。

それもまた感覚的な思考が先立っていて、「六〇年安保はアメリカとの片務的《へんむてき》な安全保障条約の改定」という事実を冷静に見ることができなかった。この流れが現在まで続いている。そこに私は強い懸念を持っています。

政界には安全保障問題で、「そんなに頑張って何を守ろうとするんだ。日本には守るべきものはあるのか」と言う人がいるそうです。そういう人は、「日本には守るべきものがない」と考えている。その思考を言い換えれば、「私は何かのために死なない。死ぬべきものはないからだ」。これは、「命が何よりも大事」という感覚的な考え方に基づいていると思います。そのために、「私は何のために生きているのか」という「生きる意義」を論理的に考えられないのでしょう。

(注1) 田中美知太郎　一九〇二(明治三十五)年〜一九八五(昭和六十)年。ソクラテスとプラトンの研究で知られる哲学者で、京都大学名誉教授。戦後、保守系の論客として活躍した。サンフランシスコ講和条約に反対する知識人が多いなか、田中は支持を表明している。代表的な著書に『ロゴスとイデア』などがある。

憲法第九条が憲法の目的と矛盾することは許されない

安全保障の議論では必ずといっていいほど憲法第九条が出てきますが、私が最も問題視したいのは、憲法第九条があるから日本の戦後文化で享楽主義が生じたことです。憲法第九条に見られる絶対的平和主義は、人間のモラルとして大事な〝他人を守る〟〝友を守る〟といった行為を否定することになり、結果として快楽生活の追求に陥《おちい》ることになるのです。消費が優先されると、感覚的な生活哲学が強まります。もちろん、日本の消費生活は快適だと私も感じます。それはわかっているけれども、もっと広い文脈のなかに置かないと、生活自体が無意味になってしまいます。

といっても、快適な生活に反対するつもりはありません。快適に暮らすことは健康的です。それはいいのですが、享楽至上主義に陥って意味のない生活を送ると、歳を取って振り返ったとき、どうなるのでしょうか。そのときに後悔しても遅い気がします。

それから、憲法第九条に関してこんな意見を聞きました。

「憲法第九条が国を守っていると考える大前提は、自分が手を出さなければ襲ってくる国はないという発想だ。中国から炊飯器を買いに来るようないい人たちが日本を襲うわけがないという。炊飯器を買いにきている人は襲わないだろうが、別の人たちが来る可能性はある。そこのところの論理的な破綻《はたん》にまったく気がつかない」

指摘されているのは、まさに理性を使わない感覚的な思考ですが、憲法第九条の話を突き詰めれば、最高裁判所長官だった田中耕太郎の砂川事件《すながわじけん》（注1）の判決になります。そこでは、「第九条があっても憲法の基本的な目的と矛盾することは許されない」とされています。憲法の究極的な目的は国民の生命と財産を守ることであり、あくまでも法律は目的が大事である。そういう立場で、彼は砂川事件の判決を出しました。最近、「第九条がそういうふうに解釈できるか」という疑問の声が出てきたけれども、彼の法律解釈は適切だと私は考えています。

そして、集団的自衛権の議論においても、同じ論理でそれを認めるべきだというのが私の見解です。自国民を守れなければ、どんな憲法も無意味です。憲法が自国民の防衛と矛盾したり反対することは、法律として認められません。

国家の任務は、基本的に国民の生命と財産を守るところにあります。夜警国家論はその役割だけに特化させた考え方ですが、原型としては夜警国家でいい。ただ、現代はインフラの整備などの役割も重要になっています。夜警国家では国民生活が豊かになりません。しかし、だからといって、国民が経済や福祉といった分野ばかりを見ていたら、国家の土台部分が崩れる危険があります。

基本的な常識として、どの国でも自国民を防衛する義務があります。あとは日本が他の国と提携して自国を防衛する際、国際社会の秩序に従って振る舞えばいいのです。そういう日本の憲法に他の国が反対することはないはずです。

こういう論理を使えば、集団的自衛権を現在の憲法が許すことは決まっているのではないかと思います。東大の芦部信喜《あしべのぶよし》（注２）という先生は、「憲法学者はだれでもなれる。理想的なことを言っていればいい」と投げやりなことを言ったそうですが、日本の憲法学者の九〇％がわかっていません。

（注1）**砂川事件**　一九五七（昭和三十二）年に、アメリカ軍基地の拡張に反対するデモ隊が基地内に侵入し、そのうちの七人が起訴された。一審の東京地方裁判所は無罪とし、検察が高等裁判所を飛ばして最高裁判所に上告。最高裁判所は判決を地裁に差し戻した。

（注2）**芦部信喜**　一九二三（大正十二）年～一九九九（平成十一）年。憲法学を専門とする法学者で、東京大学名誉教授。護憲派憲法学者団体の全国憲法研究会代表なども務めた。代表的な著書に『憲法』がある。

近代国家のなかで日本は最も寛容な国だ

日本のよさはいろいろとありますが、第一に「寛容」を挙げましょう。日本は排他的だという人がいるけれど、私は寛容だと思います。いろいろな人たち、いろいろな見方、いろいろな文化、いろいろな宗教を認めているからです。それが日本の基本的な文化でしょう。

私の三十年以上の経験では、日本人の排他的な態度に遭ったことは皆無に等しい。

私は銭湯にも入りましたし、どこにでも行きます。外国人をめったに見かけないような小さな町でも排他的な経験はほとんどなく、寛容的な態度はよくありました。

日本は朝鮮や中国の仏教を取り入れ、同じように儒教も取り入れましたし、十六世紀に南蛮人が来たときは西洋の文化も取り入れました。十九世紀にペリーが来たときは、西洋の近代化を取り入れた。その日本は完全な近代国家といってもいいでしょう。新民主主義的であるし、健康でもある。アメリカは同じようなことをやろうとして、新しい大地に新しい国をつくったけれども、社会機能は日本ほどスムーズになっていません。欧米の先進国と並べたら、日本の社会が一番きちんと機能している。その理由は、「日本が近代国家のなかで最も寛容だからだ」というのが私の分析です。

明治維新のときに取り入れた西洋の文化と日本の文化は、ずいぶん差がありました。ロンドンに留学した夏目漱石《なつめそうせき》は日本と西洋の違いに苦しみ、ノイローゼになったそうです。その差はアメリカとヨーロッパのそれよりも大きい。そうでありながら、立派な近代国家をつくり、独特的な文化を保つ。大したものだと思います。

文化の差を克服した近代日本を、「知」の分野で象徴するのは福澤諭吉《ふくざわゆきち》でしょう。福澤は日本の能力に自信を持っていた。そして、慶應義塾では複雑な西洋文明を学生に受容させました。あの柔軟さと均衡を取る力はすごいと思います。彼は、近代日本の先覚の一人だったと言っても過言ではありません。

「思いやりがわかれば、日本がわかる」

日本のよさとして二つ目に挙げたいのは思いやりです。私は最近、学生に向かって、こういうふうに日本文化を説明しました。「日本のなかで一番重要な言葉は何でしょうか。文化的には思いやりです。思いやりがわかれば日本がわかります」。ただし、アメリカ軍に対する「おもいやり予算」には批判的です。

交換留学生で日本に来たとき、日本人の家でホームステイをしました。全然、言葉が通じなくて困っても、ホストファミリーのお母さんが私のことをよく見ていて、「彼にはあれが必要だ」「彼は何を悩んでいる」とわかっていました。思いやりが洞察力に繋がったと思います。

十五年前に神戸の甲南《こうなん》大学で引率教授をしたとき、小学校の三年生と五年生の子どもを神戸の市立小学校に入れました。小学校の先生が生徒のことをよく見ていて、「この子には何が必要か」を理解した。言葉が通じなくても、精神的な問題までわかってくれたのです。こういうことはアメリカで絶対にありません。そういう意味の思いやりを感心しました。

引率教授の期間が終わって帰国するとき、小学校の先生の思いやりの他にも理由があったけれど、日本をすごく好きになった二人の子どもは「日本がいい。帰りたくない」と言いました。いま、どちらもジョージタウン大学を卒業して、ワシントンD．C．の郊外に住んで仕事をしています。最近、二人とも日本に観光旅行で来て、凄く楽しんでいました。

日本人の家に下宿した中国人の留学生が家賃を滞納し、「もう少し、もう少し」と言って払わないから、家主がかなり強く言ったら「日本人は思いやりがあるのではなかったのか」と応じたという中国人的図々しさをネタにした笑い話を聞きました。そういうのは思いやりとは言いません。それは思いやりを利用しようというだけの話です。

韓国もそうですが、日本人が思いやって遠慮していると、どんどん自分の利益を主張します。日本と仲よくなれない原因はそういうところにもあるのでしょう。「思いやり民族」のミスマッチです。

国際社会では積極性と英語力が必要だ

ただ、中国人や韓国人の図々しいくらいの積極性は、国際社会においては意味があります。日本がこれから国際社会のメーンプレーヤーとして活躍していこうとするならば、どんどん自分の考えを主張しなければなりません。

サミットで、日本の総理大臣はたいてい隅っこにいました。ところが、二〇一五年のG7は安倍総理が完全にリードした。国際会議で議題を提示するにはテーマ設定力と論理性がいりますが、当然ながら積極性がなければどうにもなりません。これからはいろいろな場面で、「積極的な日本」が必要です。

ところが、アメリカの大学では日本人の留学生が少なくなっています。数だけでなく、ゼミで韓国の学生と中国の学生は活力的なのに対して、日本の学生はポカーンと見ているだけでよくありません。しかし、二十世紀を通して日本の留学生ほど成功したケースは他にないということも知っておいてほしい。「日本人だから駄目」ではないのです。

一番大事なのは、若いときに外国留学をすることです。若いときに外国に接すれば接するほど、文化的な違いに慣れることができます。自分の意見を臆せずに言える日本人がもっと増えてほしいと思います。

日本人の留学生が積極性に欠けるのは、英語を話すことに苦手意識があるからだという説を聞きました。英語の習得は努力でどうにでもなります。秋田の国際教養大学（注１）で集中コースを教えたのですが、全部英語でした。学生は少なくとも一年間の外国留学が義務に課せられていて、ほとんどが五年で卒業することになります。キャンパスのある場所は交通が不便で、遊びに行くといっても周りにないから勉強するしかありません。

それは明治時代の北海道で、内村鑑三《うちむらかんぞう》（注２）たちが札幌農学校（注３）で勉強した環境に似ています。集中的に英語の生活をすれば上達するのは道理です。だから、国際教養大学の学生は英語の上達が早い。就職率も高いそうです。

普通の日本の学生は東京、大阪、京都などで勉強よりも楽しい生活を送ろうとしていますが、日本の大学生は日本の将来のために国際教養大学のような大学が増えてほしいものです。また、地方でも都会でも、もっと英語に接する機会を増やすことが大事です。ヨーロッパと比較しても、テレビであまり英語の番組が放送されていない。CNNニュースぐらいしかありません。

ヨーロッパに英語ができる友人がいます。どうしてそんなに流暢《りゅうちょう》に英語が話せるのかと訊いたら、「小さいときからテレビで毎日、英語の映画を見ていた。それだけで英語ができるようになった」と彼は答えました。ならば日本人もできると思います。毎日二十四時間、英語の映画、英語の番組が放送されれば、ある意味で「世界の窓」を開く力を育てることになるでしょう。

（注1）国際教養大学　二〇〇四年に秋田で創設された大学。初代学長の中嶋嶺雄《なかじまみねお》が国際

的なコミュニケーション能力を重視し、教員は外国人が多く、任期制である。

（注2）内村鑑三　一八六一（万延《まんえん》二）年～一九三〇（昭和五）年。日本のキリスト教思想家で、その思想は無教会主義と言われる。日露戦争に対しては非戦論を唱えた。代表的な著書に『余は如何にして基督《キリスト》信徒となりし乎《か》』などがある。

（注3）札幌農学校　現在の北海道大学の前身で、一八七二（明治五）年に東京で開拓使仮学校として始まり、一八七五（明治八）年に札幌へ移った。初代教頭を務めたクラークの「青年よ、大志を抱け」という言葉は有名である。

日本人の「日常的な美意識」は凄い

社会的なこと、文化的なことを挙げたので、三つ目は別の分野を考えると、日本のよさは天皇だと思います。アメリカには皇室のような存在がありません。私はよく冗談に言うのだけれど、「王室を失った国はあまり礼儀正しくない国になる。王室がある国は礼儀の正しい文化が残っている」。

中国も韓国も王室がなくなりました。アメリカもそうです。イギリス国教会に反対したピューリタン（注1）はイギリスを出てアメリカに渡り、ピューリタニズムの旗を立てた。それが王室に反対することの始まりです。その後、アメリカはイギリス王に対して革命を起こして独立しました。その点で、アメリカは王室を失った国なのです。

イギリス人とアメリカ人を比べると、イギリス人はアメリカ人よりやや礼儀正しい。王室を有するスペイン人もそうです。

他にも日本にはたくさんのよさがあります。あまり日本を知らない二人のドイツ人が来日し、彼らと話をする機会を得ました。二人とも国際的な教授で、「日本の魂はどう説明するのか」など宗教的な難しい質問をされたので、私は土居健郎《どいたけお》（注2）の『甘え」の構造』を貸して「これを読みなさい」と逃げましたが、二人はあちらこちらに行って日本の美意識に感心していました。

彼らが一番感心したのは、「美は美術館の展示物に止まらず、京料理を含めた日常生活のなかにもある」ということでした。

たしかに、日本には「綺麗なこと」がたくさんあります。たとえば、コーヒーカップ一つをとっても、アメリカのホテルでは見られないような綺麗なものを街角の喫茶店が使っていたりします。私は京都の桂《かつら》に住んでいますが、近所の小さなレストランが美しい食器を使い、しかもワシントンＤ．Ｃ．では考えられないほど、おいしいものが出てくる。そういう日常的な美意識が日本は凄い。ヨーロッパとアメリカで美意識と言えば、美術館や超一流のレストランといったハイクオリティの世界に行かないと出会えません。ところが、日本では日常生活に取り込んでいる。これも特筆すべき日本のよさです。

（注１）ピューリタン　イギリス国教会の改革を求めたカルヴァン派プロテスタントの一派で、日本語では「清教徒《せいきょうと》」。

（注２）土居健郎　一九二〇（大正九）年～二〇〇九（平成二十一）年。精神科医で、東京大学名誉教授。東京帝国大学医学部卒業後、聖路加《せいるか》国際病院精神科医長、東京大学医学部保健学科精神衛生学教室教授などを歴任。代表的な著書の『「甘え」の構造』は、英語、

ドイツ語、フランス語、イタリア語、中国語、インドネシア語、タイ語などで翻訳されている。

町人国家も侍国家もいらない、普通の国家に！

「自分の国を自力で守るのなら、日米安保条約は他力を頼っているのではないか」といって、独立自尊派の人たちは批判するのだそうです。しかし、自分の力で自国を守ることと日米安保条約は矛盾していないと思います。日米安保条約は自分の国を防衛する一つの道具です。

大事なことは、いま、中東を含めてアメリカがたくさんのチャレンジを受けています。アメリカ経済はそのすべてに対処できるほど強くありません。私に言わせれば、日本は世界第二の経済大国です。中国が世界第二位とされているけれど、私は中国の数字を信じません。それはさておき、順位はそれほど重要ではなく、日本は経済面で世界をリードしてきたのに安全保障面ではリードしていない、という点が問題なのです。このアンバランスを訂正するには、アメリカと手を組み、国際法や国連の規則などの国際的な基準を前提にして、日本が積極的な行動に出るしかありません。

いままで日本はお金を引き出されるばかりで、言うことを言ってこなかった。これからは口を出したほうがいい。お金だけでは名誉を損《そこ》ないます。小切手外交と手を切らなければなりません。

町人国家論という考え方があります。お金で済ませ、いやなことはアメリカという奉行にお任せする。そういう姿勢はよくない。これからの日本に町人国家はいらないし、もちろん侍国家もいらない。普通の国家になることが大事です。

私が安倍政権の評価するところは、「法の支配」という言葉がしばしば使われることです。それはとても大事だと思います。法の支配の下でいろいろな国と提携し、世界の平和と民主主義を守る。このことに関して、日本は資格を持っているし、私はアメリカより日本を信頼します。アメリカはすぐに戦争を起こす。ところが、日本はそうではない。広島と長崎に原爆を落とされたが、戦争に対して慎重な態度をとりながら被害を記憶しています。そういう日本に、世界の民主主義を防衛してほしいと願っています。

ただ、気がかりなこともあります。一つは若い世代のことです。若い人たちが「戦場に行くのは自分たちだ」と思ったら、反動的な気持ちが出るかもしれない。選挙権が十八歳以上になったら、どういう結果が出るのでしょうか。

もう一つ、心配があります。二十世紀の歴史を振り返ってみると、一九二〇年代の日本は理解されていないことに大きな不満を持ち、そのストレスが高まって爆発しました。以前から気にかかっているのは、いまの日本もストレスが高まっているのではないかということです。このことを聞いて、「いまの日本にそれほどのストレスを感じている人は少なく、爆発するエネルギーすらない。当時は日露戦争に勝利した軍事力があり、軍事力があると国家の通例で失地を回復しようとする。いまの日本の軍事力はあってなきがごとくだ」と説明してくれた方がいます。もちろん、まったく同じような軍事的反動はないと思いますが、メディアに取り上げられた在特会は少し極端な言葉を発しているように見受けられました。ところが、「あれもメディアのせいで大きく見え過ぎている。実動部隊は三人もいない」と指摘されました。

それもあるでしょう。でも、クローズアップされていることは危険な気がします。ほんのわずかであっても、メディアが極端に誇張する。そこから「ストレスが高まっている日本人」というイメージが広がります。そうならないように、もう少し頑張ってほしいところです。

繰り返しになりますが、「将来、日本は普通の国になるのか。あるいはこれまでのような不戦主義の国を続けるのか」という選択肢のうちで、日本人には「普通の国」を選んでほしい。これが私の願いです。

エピローグ

家族が見た日本

「新聞を読むビジネスマン」が「東京の原風景」

交換留学生として入った上田東高校では、いつも同級生から「お前は全然、学校に行っていない」と言われました。実際、そうでした。ロータリークラブの許可を受ければすぐ学校を休み、日本を旅行していたのですから。

でも、私なりに勉強をしたつもりではいます。鈴木和長さんが小学生向けの漢字の本を買ってくれて、できる限り、それを読んで記憶しました。学校に行っても話が通じないし、退屈を抑えるためには一所懸命勉強するしかなかったのです。

一年弱の日本の滞在で、日常的な会話はあまり困らなくなったけれど、日本語をきちんと読めるようになるには時間がかかりました。日本語を読むことは、大学で日本研究を始めたときが本格的なスタートです。アメリカでは日本語を話すチャンスがほとんどなかったから、その代わりに読むことを集中的にやったという面もあります。

大学では韓国人の先生から日本語と日本の歴史を教わり、そのあとの四年ぐらいは小説などを辞書を引きながら読みました。大学院に行って、また日本語の集中的な勉強をして東京に戻ってきたときは、新聞の社説ぐらいは読めるようになっていました。

第一章で述べたように、大学に行ったのは日本に戻る機会を探すことが目的でした。早く日本に戻りたいが、お金がなかったから大学に入って奨学金をもらおうと考えたのです。

念願叶《かな》って一九八五年から一九八七年までの二年間ほど、東京の立教大学に留学しました。ちょうどロナルド・レーガン大統領と中曽根康弘《なかそねやすひろ》首相のトップが良好な関係だった「ロン・ヤスの時代」です。

住んだのは練馬《ねりま》区中村橋《なかむらばし》のアパートです。最初は六畳一間で、三カ月後に同じ建物のもう少し広い六畳と四畳半の部屋に引っ越しました。もちろん畳敷きです。フルブライトの奨学金をもらった留学生は、もっと広くて西洋的なところに住んでいました。

また、当時の私は麻布《あざぶ》や六本木《ろっぽんぎ》には行ったことがなく、池袋と西武池袋線沿線はよく知っています。だから、私の知っていた東京は普通の外国人とはかなり違うと思います。

このときの東京滞在でいまも記憶にあるのは、暗い街角で一人のビジネスマンが新聞を読んでいた光景です。「スーツを着て新聞を読むのが都会人だ」と感じ、それが私にとって「東京の原風景」となりました。どうしてそう感じたのか。日本人はアメリカ人よりもよく新聞を読むからか、私が日本語の新聞を読めなかったので魅力的に映ったのか、高校生の時に暮らした上田でそういう光景をほとんど見なかったせいなのか、いまでもわかりません。

ロータリークラブの交換留学生として上田にいたとき、何度か東京に行って「上田のほうがいい」と感じたことをお話ししましたが、東京で暮らした二年ほどの間に「東京のほうがいい」と思うようになりました。あの時期の東京はいろいろな点でおもしろかった。当時の印象でくだらないことから言うと、喫茶店文化は楽しかった。いまはスターバックスといったチェーンのコーヒーショップばかりで、おもしろくなくなりました。また、経済的には景気がよくて、お金が川のようにどこにでも流れていたような気がしました。もっとも、若かったから何でもかんでも楽しいと感じたのかもしれません。それが若さのいいところでしょう。

その後、一九九〇年代に東京で短期滞在し、バブルが弾けて経済がよくないということを実感しました。たとえば、近所のお店が「定休日」という看板でなくて、「勝手ながら定休しています」という看板を出していた。しかし、その看板が毎日出ていることから、「破産してしまったのか」とショックを受けました。いまの東京はそれほど酷くなく、一九九〇年代よりは景気がいいと感じます。

妻は日曜日の夜に必ず「サザエさん」を見る

一九八五年に日本へ来たとき、私は結婚していて、妻を連れての留学でした。彼女は中村橋の畳敷き二間のアパートに不満を口にしませんでした。というより、日本の伝統的な生活が好きになったようです。洗濯機はベランダにあって、ドライヤー（乾燥機）を使わずに洗濯物は干す。彼女はアメリカでも洗濯物を外で干します（アメリカでは洗濯物を家の外で干すことはあまりしません）。

妻は私より一歳上で、同じ高校の二年先輩です。ロータリークラブの交換留学でフィリピンに行き、私が日本に出発する前に帰ってきて交換留学生の大会で知り合いました。

大会の講演を聞くとき、彼女の後ろの列に私が座ったのですが、「前にいるのは魅力のある東洋人だな」と思いました。といっても、妻は東洋人ではありません。フィリピンから帰ったばかりで、痩せて日に焼けていたことと英語がフィリピンの発音だったから、そう思ったのです。だから、最初に「あなたはどこから来た人ですか」と彼女に訊きました。すると、「あなたの高校の先輩だ」と発音の強い英語で彼女は答えました。

私の住むロックアイランドの隣町であるモリーンに妻は住んでいました。ロックアイランドとモリーンは三鷹《みたか》と国分寺《こくぶんじ》のような感じで近く、カトリックだった彼女は私と同じロックアイランドにあるカトリックの高校に入ったのです。

妻は六人兄弟のなかで育ったベルギー系のアメリカ人です。彼女の祖父がベルギーからアメリカにやってきました。

ベルギー人は十九世紀から優れた工業労働者で、いろいろな国の工場に行って働いています。モリーンにはジョンディアという世界でトップクラスの農業機械メーカー（ジョンディアの緑とイエローのトラクターを日本でも見たことがあります）が国際本部と工場を置き、かつてジョンディアのモリーン工場は一番優れた工業労働者のベルギー人をたくさん雇った。彼女の祖父は、そういうわけでアメリカに来たのです。

モリーンは小さな町なのにベルギー系移民が多いので、ベルギーの領事館がありました。妻の家の近所ではフラマン語（注1）も使われていて、彼女の家に行くと英語にフラマン語が混ざるので、話の一割ぐらいはわかりませんでした。ちなみに、デトロイトも同じで、自動車工場にベルギー人の労働者がたくさんいて、彼らが大勢住んでいる地域にはベルギーの領事館があります。

妻が日本に来たのは二十六歳のときですが、それ以来、すっかり日本贔屓《びいき》になりました。第一に感心したのは、日本の専業主婦がしっかりした職業意識を持っていることだそうです。そういう意識はアメリカで薄くなっていたので、印象深かったのでしょう。彼女はエプロンをつけて家事をしますし、いまでも弁当をつくってくれます。

また、いま、日曜日の夜は必ず「サザエさん」を見なければいけません。彼女が一番好きなテレビ番組は「サザエさん」です。

日本に来て日本語の勉強を始めた妻は、アメリカに帰ると大学院で大江健三郎《おおえけんざぶろう》の小説を読んで比較文学の修士号をとりました。フィリピン語もフランス語もできる彼女のほうが、言語的な才能が豊かかもしれません。

（注1）**フラマン語**　インド・ヨーロッパ語族のゲルマン語派に属する言語で、ベルギー北部とフランスの一部で話されている。ベルギーではフランス語とともに公用語である。

ふるさととはマーク・トウェインの世界

妻のことをお話ししたので、私自身のふるさとについても少し紹介しておきましょう。

私のふるさととのロックアイランドはミシシッピ川のそばにあり、山が見えないということをすでに述べましたが、ミシシッピ川の近くには丘がありました。その丘に、あまり長くはないスキー場がつくられています。だから私はまったく平らだという感じはなかったのですが、三十分ぐらいクルマで走れば、フラットで起伏のない地域に入ります。

ミシシッピ川は運搬船が使う「道」であり、西部開拓が間もない頃は両輪の双胴船《そうどうせん》が川を走っていました。いまは大きな輸送船が通っています。

イリノイ州は、トウモロコシと大豆の生産で有名です。イリノイ州でつくられた農産物はミシシッピ川を通ってニューオーリンズまで運ばれ、そこから海外に輸出されます。トウモロコシと大豆をつくっていた祖父は私が小さいとき、いつも「この大豆は日本人に売る」と言っていました。もしそれが本当なら、ミシシッピ川を通る船で運ばれていったはずです。

また、父の仕事はミシシッピ川に関係していました。ミシシッピ川は農地から土が入って水深が浅くなるので、船の航行に支障を来《きた》さないよう浚渫《しゅんせつ》しなければなりません。その土木作業が仕事でした。

育った環境はよかったと思います。マーク・トウェインの小説に出てくるような日々を送りました。そこでは東海岸や西海岸のような左翼的な教育はなかった。でも、私にとって決定的なのは日本です。私の兄弟は全員、日本と関係がない。私がこうなっているのは、日本のせいでしょう。

ただ、ある意味でカトリックということは大きな意味があったと思います。カトリックは特に西洋の保守主義者の要《かなめ》です。もちろん、カトリックだから保守的ということはできないけれども、思想と文化における意義としては一応、あると思います。いまでもアメリカの文化、政治、思想の領域で、カトリックとプロテスタントのなかの福音《ふくいん》主義者が手を組んでいるのは、両方とも保守的という側面があるからでしょう。

帝都・東京と古都・京都

私の好きな日本の風景は、上田のような山のある土地です。山や田舎は都会より気に入っています。山のない土地で生まれ育ったのに山が好きなのは、おもしろいものです。

いま、京都の桂《かつら》の郊外に住んでいますが、京都のいいところはどこに行っても山がよく見えることで、それが気に入っています。盆地の気候はよくないけれど、山が見えれば上田に遠くないという感じがして、気持ちが落ち着くのです。

私の住まいは山よりのほうです。だから、上田の生活に近い田舎生活ができます。「マムシがいる」という看板があるのが気がかりですが、始終、山に入って散歩しています。

もちろん、京都の町には田舎とは違ったよさがあり、私はよく京都市内に行きます。人が集まるところは決まっていて、五人か六人ぐらいで満席になるような先斗町《ぽんとちょう》や河《か》原町《わらまち》の飲み屋の雰囲気は楽しい。ただ、京都は東京より狭く感じます。都会としては、東京のほうが帝都の名残りがある。ロンドンとかベルリンとか東京のような帝都は規模が大きく、大通り（*Boulevard*）が広くて、建物も堂々たるものです。

帝都の雰囲気を持つ東京に新幹線が近づくと、京都の人たちもネクタイを締め直したりすることが多いと聞きます。私もそれは感じます。京都から乗った新幹線が品川《しながわ》駅を過ぎて東京駅に近づくときにははっとして、現実に帰るような気持ちになります。

逆に京都に帰るときに京都タワーが見えれば、観光に行くという感じでリラックスできます。

江戸時代の京都は朝廷がある一方で、商都として繁栄しました。だから、王朝文化と町衆文化の二つが分かれて残っている。そこはユニークなところです。

町衆文化の象徴の一つは祇園祭《ぎおんまつり》でしょう。私は二回、見物しました。最初に見たのは一九九八年で、京都に三カ月の研究滞在をしたときです。子供二人を連れていったのですが、この日は猛烈な暑さで意識が朦朧《もうろう》とした。だから、あまり記憶にありません。二度目は昨年で、特権という感じの予約席が用意されました。残念なのは雨だったことです。予約席は傘を使えず、一時間以上、そこに座っていてすっかり濡れてしまいました。そういう席でなかったら、傘を使えるので濡れなかったかもしれません。でも、暑いよりはましでした。

山鉾巡行《やまほこじゅんこう》の行列が目の前を通り、京都の人が自慢する山車《だし》のゴブラン織り絨毯《じゅうたん》にビニールがかぶされていたのは残念だけれども、いろいろなことがよく見えました。

私が興味を持ったのは、ベルギー製の絨毯をつけた山鉾です。絵柄は聖書から題材をとっていて十六世紀のものだと思われますが、これは象徴的な意味があると思います。ベルギー製の絨毯が祇園祭の山鉾に使われているのは、「何でも文化を混ぜる」という日本の特性を示しているからです。祇園祭は伝統的なものであり、日本だけの文化と思っている人もいます。しかし、「伝統的な日本」にもいろいろなものが入っていると私は考えます。たとえば、ヨーロッパから来た絨毯が飾られる一方で、巡行の前に神主がお祓《はら》いをする。近代でもそうですが、それが日本のよさであり、そういう多文化的日本の伝統が私はとても好きです。

金閣寺で家族写真を撮るのがドーク家の恒例行事

先日、アメリカから友人が来たので、坂本龍馬《さかもとりょうま》のお墓がある東山《ひがしやま》の霊山《りょうぜん》の旅館に一泊して、そのあたりを歩き回りました。おもしろいと感じたのは、清水寺《きよみずでら》のすぐそばなのに神道《しんとう》の墓地があったことです。これは京都の特別なところだと思いました。

京都では有名なお寺や神社にもいきました。金閣寺《きんかくじ》、銀閣寺《ぎんかくじ》は三十年前から何度も訪ねていますが、なかでも金閣寺は私の家族にとって特別な場所です。二十年前に金閣寺の有名な撮影スポットで家族写真を撮りました。十年後に、また同じ場所に家族全員が立って写真を撮った。一昨年も昨年も撮りました。「金閣寺で家族写真」が私のファミリーの恒例行事です。

それから、平安神宮《へいあんじんぐう》の後ろの庭も好きです。桜の季節は大勢の人がやってきて落着かないからそうでないときに行って、歩き回ったりします。

最近、京都のなかにキリスト教の歴史があるというおもしろい本を手に入れ、私は一つの想像をめぐらせてみました。普通の人は、京都に行くときに仏教や神道を考えるでしょう。でも、京都にはキリスト教に関する歴史もあります。たとえば、フランシスコ・ザビエルは京都を訪れました。それから、象を連れてきて京都を行進している室町《むろまち》時代の絵には、伴天連《ばてれん》と呼ばれた人たちの姿を見ることができますし、クリスチャン大名に関する歴史もあれば、クリスチャンのお墓の石も残っています。

いわば、「当時のクリスチャンから見た京都」を通して、いままで考えていなかった「もう一つの京都」「京都の深い側面」を見てみたい。西暦一五〇〇年から一六〇〇年にかけての古い京都は多文化的な都市だった、ということを私は想像したいのです。
そうすると、歴史がいきいきとしてくる感じがします。

ケビン・M・ドーク（Kevin Michael. Doak）

ジョージタウン大学教授。

1960年、アメリカ生まれ。高校時代に日本に留学し、東京大学、立教大学、甲南大学などで日本近代史やナショナリズムを研究。1982年、イリノイ州クインシー・カレッジ卒業。1989年、シカゴ大学大学院で博士号取得。日本近代思想史専攻。日本語に翻訳された著書に『大声で歌え「君が代」を』(PHP研究所) がある。

日本人が気付かない 世界一素晴らしい国・日本

2016年2月22日　初版発行
2016年4月5日　第4刷

著　者　ケビン・M・ドーク

発行者　鈴木　隆一

発行所　ワック株式会社
東京都千代田区五番町4-5　五番町コスモビル　〒102-0076
電話　03-5226-7622
http://web-wac.co.jp/

印刷製本　図書印刷株式会社

ISBN978-4-89831-732-7

好評既刊

崩壊 朝日新聞
長谷川熙

朝日新聞きっての敏腕老記者が、社員、OBを痛憤の徹底取材！「従軍慰安婦」捏造をはじめ「虚報」の数々、「戦犯」たちを炙り出し、朝日の病巣を抉った力作！　本体価格一六〇〇円

世界は邪悪に満ちている だが、日本は……
日下公人・高山正之

B-230

人種差別、略奪、強姦、虐殺……「自分たちは偉い」と信じ込む白人が働いた悪行は数知れず。日本人も、白人の本性と人種攻撃の実態に目を向けよ！　本体価格九〇〇円

2016年 世界の真実
長谷川慶太郎

B-224

激動する国際情勢の基調とは？　米国経済の強さの実態は？　中国、ロシア経済の行方は？　日本経済の今後の課題は？　答えは本書にすべて書いてある！　本体価格九〇〇円

http://web-wac.co.jp/